Carlos Arturo Molina-Loza

Histórias, contadas com amor, para mudar e crescer
Narrativas terapêuticas I.

Prefácio de
Juanita Loza de Molina

ArteSã

Molina-Loza, Carlos Arturo, 1950 -
M722 Histórias, contadas com amor, para mudar e crescer : narrativas terapêuticas I / Carlos Artuno Molina-Loza ; prefácio de Juanita Loza de Molina. - Belo Horizonte :
ArteSã, 2000.

xvi, 142p.

1. Psicoterapia familiar. 2. Narrativas terapêuticas. I. Título.

CDD: 616.8914
CDU: 615.851

Bibliotecária responsável: Maria Aparecida Costa Duarte - CRB / 1047

Capa
Carlos Arturo Molina-Loza

Digitação
L. Mara Santos

Academia Psicoterapêutica
Rua do Ouro 136 – 1005, Serra
32220-000 Belo Horizonte, Minas Gerais
Fone-fax 31 227 14 53
molina_l@uol.com.br

Número especial de *Família* Temas de Terapia Familiar e Ciências Sociais*

2000

Impresso no Brasil

Dedicatória

Este é um livro que, por motivos óbvios [motivos que serão facilmente descobertos pelo leitor no decorrer da leitura], não pode ser considerado totalmente meu [se é que aquilo que se escreve pode ser chamado de "meu", como se se tratasse de uma "propriedade"]. Mesmo assim, como foi a mim que coube a incumbência de concluir sua organização, apresentação e, finalmente, sua edição, sinto-me no direito de fazer uma dedicatória. Mas não queria que fosse uma dedicatória qualquer.... Queria que fosse algo fantástico [não são por acaso fantásticas e cheias de fantasias as histórias que contém?]

Pois bem, acabei resolvendo fazer uma dedicatória fantástica, quero dedicar este livro aos meus pais: Luis Angel Molina e Juanita Loza de Molina. É a eles que devo o fato que eu seja a pessoa que eu sou [não aquilo que sei, mais sim aquilo que sou, que me parece o mais importante nessa história toda]. Se hoje sou capaz de ouvir às pessoas da forma que o faço, e se elas se beneficiam com isso, é por tudo aquilo que recebi, desde pequenino, dos meus pais. Deles recebi a visão de mundo que hoje possuo [ela foi se burilando com o decorrer dos anos, mas o molde fundamental veio deles]. Além de todo o amor —a proteção e os cuidados— que sempre dispensaram para todos os seus filhos, lembro com particular carinho daqueles momentos em que, apesar... [de inúmeros pesares] eles sabiam fazer um buraco no tempo, e inventar um espaço mágico, para contar-nos um conto, uma história fantástica.

Isso era também o que fazia nossa Mamita, era assim que chamávamos a nossa avó materna, Lucita de Loza, com quem tantas, tantas vezes viajamos ao mundo da fantasia. Esta dedicatória será mais fantástica se se estender também a ela. Por isso agregarei: quero dedicar este livro a Mamita, minha avozinha sábia cujos ensinamentos e amor ainda nos servem de guia.

No outro extremo da minha vida, outras inúmeras pessoas vivem trabalhando para que eu continue, sempre, tentando aprimorar-me como pessoa. É no convívio com essas pessoas, e motivado por elas, que eu mudo e cresço. Quem são? Meus clientes de todas as idades, de todas as condições sociais e de todas as latitudes. Por isso, será fantástico que eu possa dizer: dedico também este livro, com amor, aos meus clientes, a todos, sobretudo àqueles que cujas histórias povoam as páginas deste livro.

Carlos Arturo Molina-Loza

Palavras de vovó

Adormeci, sentada na minha velha cadeira de balanço azul, com o livro entre as mãos. De repente, fui acordada pelo barulho de vários objetos que conversavam: uma máquina de escrever, uma máquina fotográfica, uma balança, um relógio de bolso, uma chave, um aladim, uns binóculos de madre pérola...

Cada um deles queria contar uma história, uma daquelas que haviam escutado na sala onde estavam reunidos. Vendo que nenhum deles tomava a iniciativa de começar —e como de contar histórias se trata— contarei a minha.

Tenho 81 anos. Sou alta, magra, morena clara. Tenho o cabelo branco, olhos pequenos, porém vivos e brilhantes. Graças a uma cirurgia que fiz, eles enxergam muito bem e eu posso ler tudo que cai nas minhas mãos. Ah!, estava esquecendo, pela manhã, nunca saio do banho sem antes colocar um pouco de cor no meu rosto e, claro, baton nos meus lábios. Bem como umas gotinhas de perfume.

Nem sempre tive 81 anos. Muito tempo atrás tinha 23. Era alta e magra, de tez muito branca, cabelo louro e comprido, olhos pequenos e lábios cheios. Foi nessa época que conheci meu príncipe... que não era azul, mas moreno de olhos verdes, dentes muito brancos e uma boca... que boca... Que boca! Apaixonamo-nos e casamos. Cinqüenta e seis anos vivemos juntos, amando-nos. Foi assim que vivemos —como sói acontecer nos contos de fadas— uma formosa história de amor... e de dores que, compartilhadas com o meu companheiro, foram menos graves.

Tive a felicidade de ser mãe seis vezes. A primeira menina deixou-me ao nascer, sofri muito e chorei, mas...

A seguir chegaram cinco rapazes maravilhosos, com uma diferença de doze anos entre o primeiro e o último. Fui privilegiada podendo dedicar-me a eles por inteiro. Durante o dia corriam, brincavam, brigavam ou construíam coisas com sucatas diversas. Ao anoitecer, dado que nunca tivemos televisão, lia-lhes as histórias dos velhos livros da minha infância ou, então, contava-lhes contos saídos dos lábios da minha querida mãe.

Os filhos cresceram, chegaram os netos e, mais uma vez, os velhos livros cumpriram sua missão. Ah!, estava esquecendo de contar que nunca quis ser chamada de avó, esse tratamento dava-me a impressão de senilidade. Minha mãe era chamada de Mamita pelos seus netos. É claro que os meus não poderiam me chamar da mesma forma. Não era possível que houvesse duas Mamitas na família. Comentando-o com o meu esposo, como sempre fazia, resolveu-me o problema: "então que te chamem de Mami". A partir de minha primeira neta tenho sido a Mami de muitas crianças lindas e de outros tantos adultos carinhosos.

Os netos cresceram e os bisnetos começaram a chegar. Os velhos livros, de tão velhos... desapareceram, ficaram apenas os contos que aprendi com a minha mãe. Procurei novos livros, mas deparei-me com histórias de violência, monstros modernos, de crianças mal-criadas... Por isso foi para mim uma grande surpresa descobrir este livro de Carlos Arturo, que contém objetos falantes, belas e edificantes histórias. E como estou falando de objetos falantes, parece que conseguiram chegar a um acordo...

Admirei muito a sabedoria e a prudência da Maquina de Escrever, a discrição com que pediu para participar da conversação. Gostei de ver como permitiu —apesar da sua sabedoria ou talvez por isso mesmo, e sabendo quantas histórias ela não teria para contar— como permitiu, dizia, que os outros se expressassem. A Balança falando de equilíbrio, a Máquina Fotográfica de sensibilidade e observação e assim por diante.

A Máquina de Escrever, com sua grande experiência estabeleceu a ordem para que todos pudessem falar. Todos calaram. Quem seria o primeiro? "Porque tanta cerimônia, para onde foi nosso entusiasmo? —disse o Relógio de Bolso— posso começar?"

Adorei seu gracioso movimento ao recolher sua corrente de prata e começar a falar da "Afilhada do Senhor do tempo". Bela história de amor, perseverança e de espera de um filho. Uma grande lição para aqueles que querem apressar a vida.

Quanta emoção por parte dos objetos. Que vontade de falar! E quanta compreensão por parte da Máquina de Escrever ao perceber que se não davam a palavra para a Lâmpada de Azeite... poderia acontecer um acidente.

Escutemos sua luminosa história. Este conto me fez lembrar das vezes que, durante minha vida, senti que estava perdida e sem luz; esquecendo que essa luz, que eu tanto procurava, estava no meu interior, esmaecida como um cristal que havia sido sujado e empanado pelos diversos desagradáveis e tristes acontecimentos pelos quais havia passado. Ao dar-me conta, sempre limpei o cristal das amarguras e dos ressentimentos, no final, a luz acabou por surgir em todo seu esplendor.

"Oh! A mor te chama..." este conto me falou daqueles matrimônios que, mesmo se amando terna e profundamente, não conseguem se compreender. É como se sempre estivessem na defensiva, ou prestes para atacar. Pequenas tréguas, durante as quais ainda percebem que se amam, seguidas de novas recaídas. Separação de corpos na mesma cama. O desejo de se amar e um orgulho que nada permite. Ambos procuram a reconciliação e ambos a recusam. O amor começa a agonizar e os amigos perguntam: "Porque não separam?" Mas eles conservam a esperança, buscam ajuda e a encontram. O amor pode começar a renascer. Propõem-se a recuperar o tempo perdido. A escuta do outro, sem deturpações, pode permitir que o consigam. Espero estar presente da próxima vez, quando os objetos falarem novamente, e assim escutar o resto da história.

Bem certa estava a Garrucha ao dizer —quando agradecia por terem lhe concedido o uso da palavra— que a sua seria "uma história de amor e dor..."

Mas estou ouvindo o bater das teclas da Máquina de Escrever... todos os objetos a escutam com atenção. "Tudo bem, então pelo que estou percebendo, Dona Balança, sempre tão prudente e equilibrada, está que vai de um lado para outro e creio..." Imagine!, uma balança desequilibrada. Se uma balança é capaz de se desequilibrar por suas emoções, como não o seríamos nós!

Grande foi a impressão que me causou o conto "A Árvore o Pássaro e o Ninho", e grande foi também a tristeza que senti pela Árvore. Senti sua tristeza ao perder o amigo e sua alegria com o nascimento dos lindos passarinhos. Sua preocupação com os perigos que corria o caçulinha e sua angústia quando percebia que ainda não havia retornado ao ninho. Sua angústia ao ver que nada podia fazer por ele. Tive a sensação de estar diante de uma pessoa amarrada... mas fiquei tranqüila quando a Árvore aceitou e teve consciência de que quanto mais se protege um ser querido menos capaz ele se torna.

Ouço um som de campainhas... ah!, é a Chave, uma das últimas a chegar. Por onde chegou? Esse ficará sendo um enigma. Rompendo o silêncio, ela disse: "eu poderia contar uma história muito bonita, vocês poderão ver como os enigmas não resolvidos podem provocar inúmeros problemas e sua resolução... muitas alegrias". A Máquina de Escrever autoriza e a Chave, com seu tilim, tilim... é tão nítido o seu relato que no silêncio da minha mesa de trabalho, frente as flores do meu pequeno jardim, posso escutá-lo.

"Os Esquilo, a cidade e a floresta", encantadora história, vivo retrato de muitos casamentos. Uma grande lição a ser aprendida: a necessidade da aceitação. Ri muito imaginando "focinho longo que nem bico de tucano". Ri também da ironia do Seu Esquilo dizendo: "Esqui..." Como claramente mostra a história, o verdadeiro amor consiste em amar as pessoas como elas são.

Todo sujo de tinta, mas sempre disposto, o Carimbo toma a palavra, com certeza contará uma história marcante.

No conto da "Aguiazinha que nasceu antes da hora"', pode ver-se como os cuidados amorosos dos pais, a aceitação do inevitável junto a luta pelo possível, agregados ao apoio mútuo e o desejo de viver, podem operar verdadeiros milagres.

Os Binóculos de Madre Pérola fizeram com eu voltasse para os anos trinta, quando na casa de uma tia, pela primeira vez, tive a oportunidade de ver um par de perto. Todo mundo riu muito de mim porque ao colocá-los inverti a posição das lentes, o que fez com que visse tudo pequnino e longínquo. Dessa forma teria querido ver algumas vezes as minhas penas.

Quanta tristeza tive do pobre leão, atacado pelos mais velhos, e pelas marcas que isso lhe deixou. Desfrutei com a alegria do nascimento do seu primeiro filho e sofri com a sua tristeza por não poder acompanhar o seu crescimento. Pode ver-se no conto do pequeno filhote de leão, sua luta por construir sua vida e por ter a proteção dos adultos. É uma grande lição para pais e encarregados, é preciso permitir que, no seu devido tempo, os jovens possam encontrar, por si sós, seu caminho.

Aladim?... eu não sei o que é isso, mas como fala com "uma voz quase apagada, fica mais iluminado, o que faz com que sua voz fique mais clara e firme" suponho que seja um espécie de lâmpada... Não consigo distinguir entre tantos objetos e não gostaria de ser descoberta. De qualquer forma, não faz diferença, seja quem for, sem dúvida tem uma linda história para contar.

O conto "A princesa, a Tenda das Palavras e os três tapetes mágicos", fala-me da busca incessante do ser humano por encontrar a verdade, sua verdade. Impressionou-me o jogo com as palavras e todas as mensagens que poderíamos encontrar se soubéssemos procurar. Cada livro que cai nas nossas mãos é um tapete mágico que sempre pode levar-nos a algum descobrimento, tal qual aconteceu com a Princesa do conto.

Discretamente se levanta... quem? o Lorgnon, ele também tem sua história para contar.

A história "Os Urso, a lua cheia e a primavera"', é, na minha opinião, não apenas uma belíssima história de amor, mas também de heroísmo e coragem para seguir adiante. Desfrutei com dona Úrsula á luz da lua, identifiquei-me com o seu empenho de ajudar seu companheiro. Marejaram meus olhos com sua dor ao perdê-lo e senti-me prazerosa e triunfante vendo-a vencer. Felicitações dona Úrsula, assim são as verdadeiras ursas.

De quem será agora a vez? É da Máquina Fotográfica. Imagino quanta coisa ela já não viu durante sua vida...

"A Puminha que queria ajudar sua mãe", que história mais linda. Com as Pumas acontece o mesmo que com a gente, quando as preocupações são muito grandes, quando os adultos enfrentam dificuldades, os filhos tentam ajudar de qualquer maneira. A Puminha, muito sensível percebeu as dificuldades e resolveu ajudar a tomar uma decisão.

Obrigada Máquina Fotográfica por esta linda história. Posso imaginar agora a Puminha e a sua mãe muito belas, independente do lugar em que se encontrem. Eu adoraria abraçar essa linda Puminha tão solidária!

Apesar de ser um pouco tarde, e de ter os olhos cheios de sono, dou uma esticadinha no canto que escolhi para escutar. É a vez da Ânfora Azul. Azul... minha cor favorita! Qual será sua história?

Tinha razão a Ânfora Azul, a história do Príncipe que sabia ouvir com o coração", impactou-me profundamente. Desfrutei junto com toda a Corte com o anúncio da chegada do Príncipe, sofri com as tristezas e correrias dos reis. Odiei a terrível bruxa Rube. Ri imaginando como seria falar jabutiano ou jabutês, e senti a maior felicidade quando o amado príncipe conseguiu arrancar definitivamente a vergonha do seu coração. Imaginei como se debateria na lata do lixo a vergonha e tive vontade de estar presente e pisoteá-la para que desaparecesse para sempre. Gostaria de conhecer o Príncipe e poder dar-lhe muitos beijos pelos seu heroísmo. Se todos aprendêssemos a ouvir com o coração, as coisas seriam diferentes.

Os objetos ficaram tão impressionados quanto eu! E a bússola deu um pulo tão grande que quase deixo escapar um grito ao ver sua agulha, sempre tão comedida, dar precipitadamente a volta até encontrar, de novo, seu tão amado norte.

Na história da "Rosa que havia perdido a alegria de viver", vê-se quanta felicidade se consegue quando se faz o bem. "Faz o bem, sem olhar para quem, faz mal e cuida-te", dizia minha mãe. É perigoso deixar-se fascinar pelo desconhecido, os erros cometidos podem trazer muita culpa. Mas vem a idéia salvadora, procurar ajuda e conseguir recuperar o bom rumo. É preciso compreender que, afinal, é a gente que tem que resolver seus problemas e ter consciência de que ninguém pode fazer por nós aquilo que nós mesmos não queremos fazer. Com alegria vi Rosa volvendo a viver, a recuperar a alegria de viver.

Ouvem-se uns passos... tenho que sair da sala, os objetos assumiram sua postura habitual, eu saio, na ponta dos pés para que ninguém me veja.

Obrigado Carlos Arturo por este precioso livro que me transportou à infância, à adolescência, à juventude. Retorno à velhice... velhice disse? Não, porque neste livro aprendi alguns truques. Como eu também tenho uma tapete mágico chamado imaginação, sento-me nele, cruzo as pernas e os braços, fecho os olhos e em um instante estou em um belo oásis em que se encontra a tenda das Palavras. Nela as palavras encerram mensagens... penso que se é possível fazer isso com as palavras, porque não o fazer com os números, troco 81 por 18.

Sentada no meu tapete mágico, aqui estou na minha velha cadeira de balanço azul, com os meus 18 anos na alma e um querido livro nas mãos.

Um beijo para o autor e um para cada um dos leitores do livro.

Com muito amor,

Mami

Notas de um alfarrabista amador

Eu, como todas as pessoas que escrevem, imagino, sou constantemente cutucado pelo Grilo das descobertas e das novidades. Eu sei que muita gente o conhece, mas, mesmo assim, às vezes tenho a impressão de que ele resolveu mudar-se, em definitivo, para o meu ateliê. Nem sempre que entro descubro onde se meteu, mas não há dia que não adivinhe sua presença perturbadora. Quantas e quantas vezes não ouvi seu riso irônico diante de um dos meus escritos: "E, nesse texto, qual é a novidade?" Pergunta. "Se for para falar do que os outros já falaram, mil e uma vezes, melhor seria que guardasses tua pluma." [Desculpem, ele é antigo e fala como se a gente ainda utilizasse aquela bela pluma de antanho.]

Ele sempre me perturba, dizia, mas não posso dizer que eu não o queira bem. Por comodismo, ou porque me estimula, acabei decidindo que não fazia mal que ficasse morando definitivamente no lugar por ele escolhido. [Devo confessar-lhes que assim como sabe ser irônico, quando tem a impressão de que estou fazendo algo original, fica todo excitado e me dá a maior força. Por isso também lhe sou grato. Querem um exemplo? Quando estava às voltas com a redação e composição definitiva de *Ch***aves**[1], sempre me encorajava: "Estás vendo —falava— podes até estar abordando os mesmos temas e dizendo as mesmas coisas que os outros, mas o estás fazendo de uma forma diferente, de uma maneira especial."] Por outro lado, suas brincadeiras me fazem rir. E como sou daqueles que pensam que um mundo sem humor seria um mundo perdido... de um tempo para cá resolvi que quando me fizesse uma das suas traquinagens, eu lhe daria o troco.[2]

---

[1] Molina-Loza, Carlos Arturo, *Ch***aves** *para uma terapoética da família, conhecer e compreender a família brasileira,* ArteSâ, Belo Horizonte, 1998.

[2] Às vezes me pergunto se ele não é um grande leitor... O outro dia veio para cima de mim com uma série de argumentos. Foi só porque dei uma prensa nele que fiquei

Desta feita, resolvi que em vez de escrever algo, iria atrás de coisas antigas, escritas por outras pessoas. [Dessa forma, não lhe daria pretexto para me criticar, para me grilar.] Descobertas não precisam ser novidades. Descobri muita coisa, mas infelizmente não saberia dizer quem são os autores. Não penso estar cometendo um plágio, posto que estou reconhecendo que não sou o autor. Estou apenas copiando escritos antigos que, por um motivo ou outro, permaneceram desconhecidos do público e dos quais não constam os nomes dos autores. Como gostei muito deles e penso que são portadores de belas mensagens... achei que outras pessoas poderiam gostar e beneficiar-se com a leitura. Convenhamos, se for o caso, seria um desperdiço que permanecessem desconhecidos.

Os textos que, a seguir, publico, têm, pois, diversas origens e, como não sou muito organizado nas minhas pesquisas, não poderei informar com certeza a sua procedência. Posso afirmar, sim, porque o soube quando acabei de copiar os textos que a seguir transcrevo, que foram contados por uma série de objetos simpáticos possuidores de muita história. Eles, como verão ao final, encarregaram-se de organizar tudo e de presentear-me com o resultado em forma de livro. É minha vez de presentear-vos, caros leitores!

Ah!, por favor, se por acaso ouvirem algum comentário do Grilinho que gosta de cutucar-me em relação à minha falta de originalidade, digam-lhe que para ser um bom alfarrabista também é preciso ter certas virtudes. Eu, ao menos, fiquei imensamente feliz quando fiz a descoberta dos textos que, a seguir, copio. Adorei a forma como os objetos da história contam suas histórias, talvez tampouco seja muito original o achado, mas enfim...[3]

---

sabendo que o que estava a me dizer era, de fato, uma citação de um grande contador de histórias, vamos ver si descobrem de quem... *O mais difícil na literatura, provavelmente —e há uma coisa que descobri: é impossível consegui-lo voluntariamente; há que se ficar esperto para agarrá-lo quando estiver passando— é conseguir escrever algo que seja original. E o mais fácil, no meu entender, é, uma vez produzida uma linha original, continuar mantendo a originalidade nas linhas seguintes, permitindo que fluam as idéias que ocorrerem à mente, sem deixá-las desviar."* Fácil, não é? De onde tirou isso foi do prefácio escrito por Lewis Carroll para *Sílvia e Bruno* (*in*, CARROL, Lewis, *Obras escolhidas*, Itatiaia, Belo Horizonte, 1999.

[3] Histórias de objetos falantes não são infreqüentes entre os contos de fadas. Poderia citar várias, contentar-me-ei com mencionar "O porco mealheiro", de Hans Christian Andersen, Editora Globo de Porto Alegre (4ª reimpressão, abril de 1963).

Sumário

O dia em que os objetos resolveram contar histórias

A sala estava povoada de objetos. Havia de todos os tipos. A Máquina de Escrever deve ter sido a primeira a chegar. Negra reluzente, imponente mas charmosa, dona de uma longa história, havia conquistado o respeito de todos. Os outros foram chegando aos poucos. E aos poucos, também, foram encontrando seus respectivos lugares. Mas a Máquina de Escrever sempre conservou uma posição estratégica, de onde podia dar conta de tudo que acontecia. Ela parecia ter plena consciência de que se fosse contar todas as histórias que haviam desfilado pela sua vida, poderia entreter, durante horas e horas, os mais exigentes ouvintes. Ela se sentia orgulhosa da sua experiência, mas não pensem que isso fazia com que fosse menos tímida. Nunca teria ousado lançar a sua proposta se não houvesse surpreendido a conversa entre a Balança e a Máquina Fotográfica. Que conversa? Bem, a seguir, transcrevo-a tal qual ela me foi contada, justamente pela Máquina de Escrever.

—Eu sempre dediquei minha vida à busca do equilíbrio —dizia a Balança à Máquina Fotográfica, que escutava com atenção —e tu, que fazes na vida?

—Eu sou uma grande observadora, gosto de apreciar a beleza que há nas coisas. Sabes que tudo, quando observado com atenção, pode revelar-nos incalculáveis tesouros de beleza?

—Ah!, a beleza. Saber encontrar a beleza nas coisas, talvez essa seja a essência da vida. Eu encontro a beleza nesse incessante vai-e-vem dinâmico entre o desequilíbrio e o equilíbrio.

Esse diálogo mexeu muito com a Máquina de Escrever. "Elas também têm histórias para contar", pensou. Foi isso que a estimulou e como sua vontade de comunicar era grande, dirigiu-lhes a palavra:

—Há muito tempo que queria conversar —disse— posso participar?

No começo, sua entrada na conversa inibiu as outras duas, mas serviu para que a Lâmpada de Azeite e o Relógio de Bolso se decidissem a tomar parte no bate-papo. Em pouco tempo a animação havia tomado conta de todos na sala.

Tanto que ninguém ouviu a resposta simultânea da Máquina Fotográfica e da Balança:

—Claro, com muito prazer!

E foi a Máquina de Escrever que teve de propor que se estabelecesse uma ordem na utilização da palavra. Sem sua intervenção a balbúrdia teria continuado e ninguém teria conseguido escutar ninguém, tal era o desejo manifesto por todos de participar... O clima talvez fosse o mais propício. Não era, por acaso, aquela uma sala na qual inúmeras pessoas desfiavam suas histórias pessoais? Todo mundo entrava e logo ia contando sua história. Os objetos tinham todos longas histórias de vida, resumiam, em si, outras tantas longas histórias de vidas.

A oportunidade de falar, de contar, abria-lhes um mundo novo. Pequenos subgrupos haviam começado a se formar. Várias histórias ecoavam ao mesmo tempo pela sala. E, como dizíamos, a intervenção salvadora da Máquina de Escrever conseguiu controlar a situação.

—Um momento por favor. Como todo mundo parece ter alguma história para contar e como, também, todo mundo quer ouvir novas histórias, proponho que cada um conte uma, aquela que lhe pareça mais bela. O que vocês acham?

Ouviram-se muitos "Ótimo!", "Concordo!", "Excelente idéia!" Após o qual a proposta foi aceita por unanimidade. A seguir, instalou-se um silêncio cerimonioso. "Quem deveria começar?", era a pergunta que estava refletida no semblante de todos os participantes. A responsabilidade parecia muito grande. Já pensaram, contar uma bela história diante de um público tão seleto!? Isso não deveria ser para qualquer um!

Histórias belas costumam ser histórias simples... disse o Relógio de Bolso

Foi o Relógio de Bolso quem rompeu o silêncio, suas palavras fizeram com que todos os objetos se virassem para ele. Sua primeira intervenção, sob forma de pergunta, além de romper o gelo, seria o ponto de partida para uma animada seqüência de trocas.

—Porque tanta cerimônia?— disse. Para onde foi toda a nossa animação? Não vamos ser tão formais. Todo mundo vai contar, todo mundo vai ouvir. Por acaso temos aqui algum júri?, eu não estou vendo nenhuma banca examinadora. Histórias belas costumam ser histórias simples. Se ousarmos falar com o coração, e confiarmos nos nossos interlocutores, certamente contaremos uma bela história e conquistaremos corações. Posso começar?

Depois de novo burburinho de aprovação, o Relógio de Bolso fez um gracioso movimento, recolheu sua corrente de prata, acomodou-se na sua mesa e contou:

A-afilhada do Senhor do tempo

Era uma vez um reino muito distante. Nele habitava um homem extremamente trabalhador, Pedro, que amava profundamente uma jovem de extraordinária bondade, Amanda. Depois de muito observá-la e de muito sonhar com o maravilhoso encontro, o homem decidiu que estava na hora de descobrir seus sentimentos diante da eleita do seu coração. Mas quer seja porque as situações não lhe pareciam propícias, ou porque, inseguro à respeito dos sentimentos da sua amada, temia agir precipitadamente e, em vez de conquistá-la, perdê-la, ia protelando o tão ansiado momento.

Cada vez que se sentia compelido a abordá-la... algum acontecimento inusitado interpunha-se no seu caminho. Sua jovem amada, que também ansiava pelo encontro, desesperava-se com a demora. E o tempo passava.

Quando finalmente conseguira vencer todos os obstáculos, e conquistar o coração da sua Amanda, Pedro sentiu uma grande satisfação e começou a trabalhar pela sua felicidade.

Em pouco tempo estavam casados e começaram a construir sua felicidade. Mas, para eles, essa felicidade só poderia ser completa se conseguissem receber o presente que todas as noites eles pediam aos céus que lhes mandassem um bebê. Mas o tempo, inexorável, passava.

A cada dia o desespero dos dois era maior. Assustados —não seria que haviam sido objeto de algum feitiço, de algum sortilégio?— partiram em busca de ajuda. Assim percorreram o reino inteiro, sem deixar de visitar nenhuma comarca, nenhum mago, nenhum feiticeiro. O que conseguiram? Nada. Quando retornaram, de mãos vazias, seus corações estavam pesados e suas almas mais vazias ainda. Porque tinham que sofrer esse horrível castigo? Que haviam feito para merecê-lo? Nada, nem ninguém, podia ajudá-los a responder a essas angustiantes perguntas.

O tempo continuava transcorrendo e nada de encontrar respostas, nada de encontrar soluções. Um belo dia, quando já quase haviam desistido —não haviam, por acaso, procurado os maiores especialistas do reino?—, quando já estavam para desistir definitivamente, apareceu por sua casa uma humilde velhinha que lhes disse:

—Não se desesperem, seu tempo está chegando, vocês vão ver realizados todos os seus sonhos... mas para isso terão que seguir fielmente todas as minhas instruções. Amanhã pela manhã, antes do sol sair, devem deixar a casa pela porta dos fundos e procurar pelo caminho que os leva à floresta encantada. Ao chegarem à floresta deverão fechar os olhos e deixar que as suas pernas os guiem. Tenham muito cuidado, não podem abrir os olhos, nem falar um com o outro, isso romperia o encanto e, nesse caso, eu não poderia mais ajudá-los. Conforme se adentrem na floresta, irão ouvindo todo tipo de vozes chamando por vocês, não devem prestar atenção e muito menos responder-lhes.

—Corremos o risco de nos perdermos..., murmurou Amanda nervosamente.

—Se querem ter alguma chance de sucesso, devem confiar em mim, respondeu a velha senhora.

Antes de estarem totalmente convencidos, mas devido à urgente necessidade de acreditar que poderiam realizar seu maior sonho, ganhar o ansiado bebê, ambos decidiram seguir as indicações da velhinha. E ela continuou dando suas instruções.

—Ao atingirem o coração da floresta encantada, deverão ouvir o som cristalino da fonte que aí nasce. Aproximem-se dela e esperem o novo dia amanhecer. Ao realizarem seu desejo, devem fazer uma oferenda ao Senhor do tempo, porque é ele que comanda o escoar do tempo da vida das pessoas. É muito importante que não o esqueçam, as conseqüências podem ser muito sérias.

Tão emocionados estavam diante da possibilidade de realizar seus sonhos, que nenhum deles prestou muita atenção às últimas palavras da velhinha. Eles só pensavam no que deveriam fazer no dia seguinte para irem à floresta encantada. Essa noite nenhum dos dois conseguiu conciliar o sono. Primeiro porque passaram longos momentos fazendo dois tipos de preparativos: para a viagem do dia seguinte e, caso a missão tivesse êxito, para receber o bebê. Faltavam-lhes mãos para realizar tudo que tinham em mente. Queriam que o bebê sentisse, desde a sua chegada, o quanto havia sido esperado, todo o amor com que havia sido esperado. Horas depois quando, extenuados, puderam finalmente ir para a cama, ficaram imaginando como seriam suas vidas se realmente conseguissem. Não demorou muito e o sol anunciou com os seus primeiros raios que estava na hora de iniciar essa extraordinária jornada.

E o sol ainda não havia acabado de nascer quando eles já se esgueiravam pela porta dos fundos da sua casa e tomavam o caminho da floresta. Por longas horas marcharam, em silêncio, um ao lado do outro. Só avistaram a floresta encantada quando o sol já se despedia das montanhas mais altas do reino. Ao atingirem o limite externo, eles cruzaram um olhar doce e esperançoso. Essa seria a última vez que veriam o rosto do outro, daí para frente iria ser de olhos fechados!

Seus primeiros passos na floresta foram lentos e inseguros mas, à medida que progrediam, faziam-se mais firmes e confiantes. Tomados pela mão, marchavam decididos em busca da sua felicidade. E nada seria capaz de detê-los. As vozes e chamados que a velhinha havia lhes anunciado, estiveram presentes durante todo o percurso, mas eles se mantiveram firmes, sem falar e sem abrir os olhos. Apenas suas mãos se tocavam e apertavam, transmitindo suas silenciosas mensagens de encorajamento e apoio.

Assim transcorreram várias horas, sem que o medo ou o cansaço os fizessem desistir. Podem imaginar a alegria que inundou os seus corações quando ouviram o doce canto da cristalina fonte da floresta? Seus corações dispararam e seus olhos se encheram de lágrimas, a sua emoção era transbordante. Agora que estavam tão perto, só lhes restava esperar. E essa espera lhes pareceu a mais longa de todas, o tempo se negava a passar, soltava suas gotas com uma tal parcimônia que parecia nunca ia terminar... tic, tac, tic, tac, tic, tac.

Ouvindo as gotinhas do tempo cair, foram tomados por um profundo torpor. Lentamente seus corpos foram ficando mais leves e, por último, perceberam que estavam flutuando rumo a uma grande gruta que se encontrava ao lado da fonte. A gruta era magnífica e, apesar de não ter uma fonte de luz aparente, estava toda iluminada. No seu interior havia plantas de todos os tipos, tamanhos, cores e formas. Era um espetáculo maravilhoso.

Nessas estavam quando perceberam que, bem ao fundo, havia uma luminosidade mais intensa. Naquele momento perceberam que eles podiam guiar seu vôo a seu bel-prazer, assim, imediatamente dirigiram-se para o lugar de onde brotava essa luz tão especial. Ao chegarem seus corações bateram descompassadamente. Seus olhos não acreditavam no que estavam vendo. No fundo de um nicho, feito de folhas frescas, repousava uma linda joaninha.

—É tão linda que mais parece uma jóia!, exclamou Amanda.

Era uma jóia tão delicada que nenhum dos dois ousava tocá-la. Ficaram dando voltas em torno dela e, quando menos o esperavam, a joaninha alçou seu voou e veio posar na mão de Amanda. Ela a recebeu com extremo cuidado e deixou que passeasse por sus mãos. Pedro, trêmulo de emoção, abraçou Amanda pelas costas e chorou em silêncio.

Nesse momento, quem prestasse atenção, poderia ter ouvido as gotinhas do tempo correndo, como nunca antes haviam corrido: tictactictactictactictactictac...

Pedro e Amanda estavam tão encantados com a joaninha que não perceberam que, aos poucos, iam adormecendo. Como o dia havia sido muito comprido e cheio de emoções, e eles estavam exaustos, foram ficando por ali, iluminados pela luz da joaninha.

Desta vez dormiram profundamente e tiveram sonhos verdadeiramente fantásticos. Viram-se sobrevoando o reino transportados pelas asas da joaninha. Viram como centenas dos seus vizinhos os aclamavam e os recebiam em triunfo. Eles haviam vencido, haviam conseguido realizar seu grande sonho! A emoção era tão intensa e tão vívida que os fez despertar. Qual não seria sua surpresa ao constatarem que estavam na sua morada! Amanda foi a primeira a dizer: meu Deus, terá sido apenas um sonho? Mal havia terminado sua frase e já ela estava correndo rumo ao quarto que havia sido preparado para a chegada do bebê. Pedro acompanhou-a correndo. Ao chegarem ao bercinho, que com tanto amor tinham preparado, viram o mais lindo bebê que jamais haviam visto. Quem agora os enchia de felicidade era uma maravilhosa garotinha que parecia esperar pelos seus cuidados.

A partir desse dia Pedro e Amanda foram os pais mais felizes do reino. Quando se perguntaram que nome lhe dariam, Pedro lembrou das circunstâncias do seu nascimento e disse com muita convicção: ela nos foi anunciada por uma joaninha, ela vai se chamar Joaninha! Amanda concordou e esse foi o nome que ela recebeu.

Os pais dedicaram todos os seus esforços para cuidar de sua linda filha, que cada dia tornava-se mais bela e mais inteligente. Os pais, que só tinham olhos para ela, faziam até o impossível para prodigar-lhe todos os cuidados imagináveis. Sua maior alegria consistia em ver sua filha feliz.

Joaninha crescia cheia de saúde e vigor. Tudo era felicidade? Não, com o passar do tempo, Pedro e Amanda foram percebendo que sua Joaninha não era completamente feliz. Muitas vezes ficava perambulando pelos campos acompanhada unicamente pelas suas fiéis amigas, as joaninhas. O que há de errado com ela?, perguntavam-se. Nós não já fizemos de tudo para que ela fosse feliz? Nós vivemos em função da sua felicidade, porque ela está sempre tão triste?

Na tentativa de animá-la, tanto Pedro como Amanda colmavam-na de presentes, ofereciam-lhe as mais belas jóias e as mais maravilhosas viagens. Por momentos, Joaninha parecia animar-se, mas passada a novidade, ela tornava a ser a moça triste e amuada que não se contentava com nada. Muito preocupados resolveram que estava na hora de tomar uma atitude. Em poucos dias haviam encontrado um bruxo ao qual expuseram suas preocupações. Eles queriam saber qual era o motivo de tanta tristeza e o que é que poderia ser feito para aliviar sua dor.

O bruxo trouxe sua bola de cristal mais poderosa e descobriu que, empolgados pela chegada de Joaninha, eles haviam esquecido de seguir as instruções da velhinha que os havia auxiliado. Pedro e Amanda revisaram mentalmente sua conduta aquela noite e, depois de conferir que não haviam cometido nenhum erro, nem grande nem pequeno, reclamaram com o bruxo. Ai o bruxo lhes disse:

—Afinal... fizeram as oferendas para o Senhor do tempo!

Foi só nesse instante que ambos lembraram que não haviam prestado muita atenção às últimas palavras da boa velhinha e que, de nenhuma maneira haviam cumprido com essa parte do trato.

—Joaninha não tem nenhum problema, ela é afilhada do Senhor do tempo, disse o bruxo. As oferendas ao Senhor do tempo terão que ser feitas e, assim, ela poderá viver feliz e satisfeita. Mas, há uma condição, será a própria Joaninha que deverá responsabilizar-se por tudo, vocês não podem cumprir a tarefa por ela.

Porque a infelicidade de Joaninha era devida a sua sensação de não viver conforme o seu tempo. Quando era pequenina imaginava que devia ser grande. Ao crescer... teve saudade de quando era pequenina e tudo era mais fácil. Conseguir conquistas representava muito pouco na sua vida, ela quase nem gozava o momento. Por quê? Porque ela já estava pensando no que poderia fazer no momento seguinte. Por isso Joaninha não podia ser feliz. Ela era incapaz de ver-se no momento presente. Sempre que olhava para si... não gostava do que via, ficava desapontada, ela ainda não era o que seria. Ela tinha certeza de que um dia seria uma bela mulher, mas para ela isso não tinha nenhuma importância, porque de que adiantava saber que um dia seria se esse dia parecia nunca chegar?

Um belo dia, Joaninha foi ter com o bruxo e juntos decidiram que ela faria as oferendas ao Senhor do tempo. Desde esse dia Joaninha começou a perceber que tudo tem seu tempo e que não adianta querer precipitar as coisas. Depois de cada conquista ela aparecia exultante, radiante na sua beleza. Uma das maiores satisfações do bruxo era vê-la fazer o balanço das suas novas descobertas, das suas novas conquistas.

Muitos anos se passaram desde o primeiro encontro de ambos. Muitas foram também as alegrias que viveram. Conta a lenda que Joaninha, que se havia transformado em uma bela mulher, descobriu que todo o segredo da sua felicidade estava no fundo do seu coração e que cada vez que buscava por ele tinha uma resposta que a deixava radiante.

Muitos problemas teve que enfrentar pela vida afora, mas estes sempre a encontraram firme e decidida a vencê-los. Ela foi muito feliz e realizou todos os seus desejos. Nunca mais esqueceu que o Senhor do tempo exige que tudo aconteça no momento certo.

Uma lâmpada muito acesa

Não é difícil imaginar o clima de excitação que reinava na sala. Podiam ouvir-se alguns suaves soluços, ver-se muitos sorrisos. O clima era o mais propício que se possa imaginar: um misto de admiração pela bela história que acabavam de escutar e, porque não reconhecê-lo, um profundo desejo de poder compartilhar com os outros algo daquilo que sua alma guardava, mais uma bela história. Mas a emoção reinante e um profundo respeito faziam com que todos aguardassem por um pequeno sinal que indicasse de quem seria a vez.

Foi novamente a Máquina de Escrever quem resolveu intervir para agilizar a situação:

—Tenho certeza de que todos estamos ansiosos por que chegue a nossa vez", disse. Como temos todo o tempo do mundo, proponho que vamos escolhendo um pouco ao acaso. Por exemplo, estou sentindo que a Lâmpada de Azeite está muito acesa e que se não lhe dermos a palavra pode acontecer aqui algo bem delicado...

A Lâmpada de Azeite não se fez de rogada e muito satisfeita falou:

—Maravilha!, se me derem licença, eu conheço uma história luminosa que certamente encontrará um lugar em seus corações.

A moça que buscava o seu gênio

Ela vivia escondendo-se. Ninguém sabia o porquê e muita gente tentou descobrir, mas Eline, porque este era seu nome, recusava a dar qualquer explicação. Ela simplesmente vivia fugindo e escondendo-se. Não, não, a verdade é que, se lhe perguntassem, ela jamais admitiria que estava fugindo. O que fazia então? Ela procurava, procurava o tempo todo.

Quando Eline nasceu, reinava no mundo una grande confusão, ninguém conseguia sequer imaginar o que é que estava acontecendo. As pessoas corriam de um lado para outro, preocupadas com a situação, e tentando não ser engolidas pelo caos. Por isso ela passara os seus primeiros dias esquecida pelas demais pessoas do reino.

Desde pequenininha, Eline aprendeu a esconder-se e ficar muito quietinha. Não seria ela a responsável por toda a situação? Se a descobrissem? O quê não poderia acontecer... Nem ousava imaginar! Um dia em que estava bem encolhidinha, Eline foi descoberta por um grupo de pastores que passavam pelo lugar. Ao ver seus olhinhos assustados, estes imediatamente disseram: "Como é possível que uma menina tão tenra possa ficar assim abandonada?" E sem dizer mais uma palavra, nem perguntar nada a ninguém, resolveram levá-la consigo para dar-lhe um lar onde pudesse crescer ao abrigo dos perigos do mundo.

Com o passar do tempo, Eline foi crescendo e tornando-se uma moça bela e forte. Ela participava dos trabalhos da sua comunidade com muito afinco e quem a visse nunca poderia imaginar como havia sido o início da sua vida. Mas Eline não era feliz. Ela sempre se lembrava de haver ouvido falar de uma muito antiga lenda do seu reino, segundo a qual todas as pessoas têm que procurar por sua luz, porque sem luz... elas morrem por dentro. Nada nem ninguém faria com que Eline se esquecesse daquela lenda. E ela, que sentia que não tinha luz, sabia que enquanto não encontrasse sua luz ela não poderia ser feliz.

Assim passaram-se os anos e Eline ia levando sua vida, sem brilho, sem luz. Cada vez que se lembrava da mensagem da lenda, ela afundava em uma profunda tristeza. E quando estava triste Eline não gostava nem de se ver no espelho: "Que coisa horrorosa" dizia "eu sou uma pessoa muito feia." Mas, por mais triste que estivesse, Eline nunca se deixava abater e sempre lutava por manter viva a esperança.

Por isso é que todos os seus pesares não haviam feito com que ela abandonasse a idéia de que um dia encontraria sua luz. Sempre que podia esgueirava-se nos mais diversos lugares para ouvir as conversas dos mais velhos. "Os mais velhos são sábios" pensava, "quem sabe com eles não descubro o segredo e consigo encontrar minha luz!"

Ela trabalhava e continuava acariciando o seu sonho.

Um belo dia, quando menos o esperava, uma forasteira lhe contou que conhecia um velho feiticeiro que poderia ajudá-la. Eline tremeu só de imaginar-se diante do tal feiticeiro. Nem pensar! Ela nunca havia gostado de feiticeiros, eles não faziam a sua cabeça e não era agora que iria mudar.

Depois de muito relutar, porém, decidiu que teria que enfrentar e vencer seu medo. Após haver tomado sua decisão, marcaria um encontro e iria procurá-lo; Eline passou vários dias sem dormir e quase sem conseguir prestar atenção naquilo que fazia.

Quando chegou o grande dia, Eline, armando-se de coragem, encaminhou-se para a gruta onde deveria encontrar o feiticeiro. Ela esperava encontrar um homem poderoso e amedrontador. Como podem imaginar, ela foi preparada para sair correndo na primeira oportunidade. Qual não seria sua surpresa ao deparar-se com uma pessoa que a recebia com muito cuidado e carinho, ele poderia ser qualquer coisa... mas poderoso de jeito nenhum! As primeiras vezes, Eline quase nem conseguia concentrar-se no que acontecia na gruta, ela havia descoberto que o local estava cheio de objetos. Havia um em particular que desde o início chamou poderosamente sua atenção: uma lâmpada que, com um brilho todo especial, resplandecia no meio dos outros objetos. "Nessa lâmpada deve morar um gênio", disse para os seus botões. E movida pelo poderoso desejo de um dia poder pedir ao gênio que lhe concedesse o a realização do seu maior anseio, recuperar sua luz, continuava freqüentando o feiticeiro e tendo longas conversas com ele.

A partir do primeiro encontro, Eline sentiu que sua vida havia começado a mudar. "Estou feita", pensava "ainda nem consegui pedir ao gênio que realize os meus desejos e já estou me sentido muito melhor, mais capaz de amar a vida, de amar as pequenas coisas da vida!" Eline dava pulos de felicidade quando imaginava que um dia poderia pedir ao gênio da lâmpada que lhe desse luz, que lhe permitisse ter sua própria luz. Eline fazia projetos, fazia novas descobertas e havia começado a perceber que as pessoas já não agiam com ela daquela forma que sempre lhe havia dado um enorme desejo de esconder-se. Nos olhos das pessoas Eline via uma luz que lhe era familiar, que sem saber como, nem de onde, ela tinha a sensação de conhecer.

Eline crescia e ampliava o seu mundo.

Um dia em que havia trabalhado muito, porque ela continuava sendo muito trabalhadora, Eline caiu exaurida em uma confortável poltrona e, resolvendo dar asas a sua imaginação, voou para o mundo da sua realização. Nessas estava quando a grande Ave dos Sonhos posou-se do seu lado e, depois de esperar que ela fechasse os olhos, transportou-a para o seu mundo. Eline havia deixado de lado muitos dos seus medos e quando sentiu a presença da bela Ave dos Sonhos, não hesitou, entregando-se aos seus cuidados: deixou-se levar. Sentia-se leve e confiante. Tinha a certeza interna de que algo muito importante para sua vida estava acontecendo.

Quando aterrizaram Eline percebeu, com surpresa, que haviam chegado a um imenso mercado oriental no qual havia de tudo. Sua curiosidade, que, como sabem era muito grande, não permitiu que ficasse perto da Ave e antes de que esta pudesse lhe dar todas as instruções que queria lhe transmitir, Eline já havia saído em disparada. Corria entrando e saindo das lojas, circulava em meio às estantes e pulava prateleiras entulhadas de maravilhosos objetos. Sua correria, porém, não durou muito, em poucos minutos estava parada, imóvel, de olhos arregalados, diante uma bela lâmpada que se encontrava na loja de um mercador árabe. "É aqui que o feiticeiro conseguiu sua lâmpada", pensou. "É minha chance!, vou conversar com o gênio, vou pedir-lhe que realize o meu maior desejo."

Dizendo e fazendo, Eline empertigou-se para atingir a prateleira em que se encontrava a lâmpada e, com um rápido gesto, apoderou-se dela. Sem hesitar e sem esperar por ninguém, aí mesmo no interior da loja, começou a esfregar com todas as suas forças a superfície da lâmpada. O que acham que aconteceu? Imediatamente brotou um enorme gênio que, antes que ela pudesse se refazer do susto, estava lhe fazendo a pergunta: "Que desejas?" Eline suspirou bem fundo e das profundezas da sua alma extraiu seu pedido:

"Quero encontrar minha luz, quero poder iluminar meu próprio caminho, quero ser feliz." O gênio, que não esperava por essa, engoliu um pouco de saliva e disse-lhe: "É um belo pedido esse teu, mas mesmo para um gênio poderoso como eu, capaz de mil façanhas, esta não será uma tarefa fácil. Esse tipo de desejo só pode ser realizado com ajuda, mas não com qualquer gênero de ajuda... Só podes ser tu a minha ajudante, do contrário nem um gênio dez vezes mais poderoso do que eu seria capaz de ajudar-te. Estás disposta a ajudar-me?"

"Ora essa!," exclamou Eline, "que má sorte a minha. Foi tocar-me logo um gênio que precisa de ajuda, logo a mim que sou a pessoa do mundo que mais precisa de ajuda!" Eline sentiu uma canseira muito grande [e estava quase mandando o gênio pastar, mas decidiu que não valia a pena tentar saber se gênios pastavam ou não, se gostavam que os mandassem pastar ou não], e assim resolveu que nada custava tentar. Dispor-se-ia a ajudar seu gênio. A seguir, sem deixar transparecer seu desânimo inicial (quem diz que o gênio não podia ficar extremamente chateado por causa disso e ela também não queria saber quais poderiam ser as conseqüências da chateação de um gênio, por mais ajuda que ele precisasse), escondendo sua decepção, respondeu: "Sim, estou disposta a ajudar!"

O gênio tampouco conseguiu esconder sua satisfação, ao ouvir a aceitação de Eline, abrindo um genial sorriso disse: "Muito bem, vou dar-te esta pequena lâmpada e cada vez que queiras chegar perto de tua luz, iluminar o teu caminho, terás que segurá-la bem forte e esfregá-la. Não esperes grandes acontecimentos, tenta sentir e procura com os olhos da tua alma. O calor que se desprenderá da lâmpada te indicará que a luz está acesa, caberá a ti mantê-la e aumentá-la."

Eline estendeu a sua mão e recebeu, das próprias mãos do gênio, uma linda lâmpada em forma de coração. A lâmpada apenas havia deslizado para sua mão e já o gigantesco gênio perdia-se entre barulhos diversos e grandes nuvens de fumaça. Mas Eline não ficou para ver o final, estava ansiosa e queria correr para contar a sua amiga, a grande Ave, o que havia acontecido, afinal fora com ela que iniciara a aventura naquele grande mercado.

Mas como sabem, a peraltice de Eline —que havia saído correndo sem esperar pelas instruções da Ave— havia impedido que recebesse maiores instruções e, agora, não tinha como saber quando nem de que forma iria encontra-se com ela. Por isso, ao chegar ao ponto em que se haviam separado decidiu esperar. Sentou-se em um canto afastado e, como estava tão cansada, em poucos minutos adormecera. Sua mão, porém, apertava cuidadosamente o presente do gênio.

A Ave esperou que Eline dormisse profundamente e quando teve certeza de que não acordaria durante o vôo, colocou-a cuidadosamente nas suas costas e voltou para casa.

No dia seguinte, quando despertou, Eline sentiu-se diferente, não se lembrava muito bem dos acontecimentos da noite anterior, mas sua sensação era de que algo muito importante acontecera. O quê? Ela nunca soube dizer ao certo, mas contam que ao despertar viu que sua mão estava segurando seu coração e que nela sentia um calor especial.

Conta a lenda que cada vez que Eline se sentia perdida, colocava sua mão cuidadosamente em seu coração e fazia iluminar-se sua alma, nesses momentos aumentava seu desejo de descobrir seus novos caminhos e partir para novas e mais ousadas conquistas. A partir desse dia, Eline soube que a sua luz era interior e que não tinha por que escondê-la, bastava cuidar dela e deixá-la crescer e crescer. Graças a sua luz interior, ela soube vencer as dificuldades da vida e ir galgando, um a um, os degraus do seu crescimento.

Quando se sentia mais perdida e mais necessitada de ajuda, uma vozinha interna, em um sussurro, lembrava-lhe: "Se até os gênios das lâmpadas podem precisar de ajuda, por que não tu?" Isso a reanimava e fazia crescer nela o desejo de abrilhantar mais e mais sua luz interior e de trilhar novos e desconhecidos caminhos.

Quem a conheceu afirma que percorria seu reino distribuindo luz e ajudando aqueles que buscavam por mais luz.

Uma garrucha carregada de emoção

Quando a Lâmpada acabou seu relato ela estava reluzente de satisfação. Com curiosidade olhava para todos os outros em uma tentativa de captar a emoção provocada neles pelo seu relato. Todos os semblantes eram de alegria, dir-se-ia que, nesse momento, os corações de todos os objetos batiam ao mesmo ritmo, ao ritmo da torcida por Eline, a Heroína do conto da Lâmpada.

Passado o primeiro momento, todos se tornaram para a Máquina de Escrever, ela, que com sua atitude ponderada e sedutora havia conquistado o grupo, era vista agora como seu representante natural. A Máquina de Escrever deu dois pigarros e disse:

—Vocês ficam olhando para mim... creio que com a vontade que cada um tem de tomar a palavra não fica difícil fazer uma escolha. Eu apenas observo quem é que mais parece ter urgência de falar. Se quiserem que eu proponha, é só dizer, eu proponho.

Imediatamente o grupo respondeu confirmando.

—Perfeito. Eu estava aqui olhando para Dona Balança e dispunha-me a propor que fosse ela quem continuasse, tenho certeza de que ela vai nos encantar com seu relato. Permito-me, porém, fazer-lhe um apelo —confio no seu equilíbrio e ponderação— Dona Garrucha está carregada de emoção e tenho a impressão de que se não lhe passarmos a palavra...

Nesse momento todo mundo virou-se na direção em que se encontrava Dona Garrucha. A sala foi percorrida de discretos acenos positivos. Sim, A Máquina de Escrever tinha, mais uma vez, razão. A emoção da Garrucha era tal que parecia prestes a explodir. Naturalmente os olhares deslizaram-se em direção à Balança, a qual, fiel ao seu caráter, sem sair do prumo e mostrando apenas um breve balanço dos seus pratinhos disse:

—Por mim tudo bem. Tenho certeza de que com seu relato ela vai nos arrastar para um turbilhão de sentimentos intensos e profundos. Ganharei eu e ganharemos todos ouvindo a história da Garrucha.

Apenas a Máquina de Escrever acabara sua frase...

—Dona Garrucha, a senhora tem a palavra.

E a Garrucha já se havia disparado a falar:

—Agradeço-lhes infinitamente e, prometo, ninguém ficará desapontado, uma história de amor, e dor, sempre empolgará os nossos corações. A minha história aconteceu há muitos e muitos anos em um reino distante...

Oh!
A-mor te chama...

A noite estava se preparando para, mais uma vez, jogar seu manto aveludado sobre a terra. O sol, cansado da longa jornada, dava sua última espiada por cima dos mais altos picos das montanhas e vulcões, tingindo-os com suas cores mais belas. Seu coração estremecia de emoção. Não era todos os dias que podia dormir com a lua. Hoje ela não sairia, sua beleza translúcida não banharia a terra, ficaria com ele, por conta dele. Só os dois, cobertos pelo manto protetor da suave noite. Estava na hora de deitar-se, sim. Em poucos instantes começariam as estrelas a pingar suas gotinhas de luz pelo céu afora.

Foi nesse preciso instante que se desencadearam os tristes acontecimentos que vou lhes relatar. A bem dizer, a história já havia começado, mas foi nessa hora que o Duende das palavras conseguiu passar pela fresta que aparece entre seu mundo e o nosso. [Depois tenho que contar-lhes quem ele é e o que ele faz...] Normalmente ele é capaz de acompanhar tudo que acontece na terra, mas só tem força para realizar suas traquinagens quando está do lado de cá. E como é que passa para este lado?

Bem, isso acontece justo no instante em que o céu é abalado pelo impacto do amor nascente de duas pessoas especiais. Quando o eco desse amor é ouvido no exato momento em que o sol e a lua, apaixonados, deslizam para baixo do manto da negra noite pingada de estrelas, nesse preciso momento, abre-se a brecha que permite a entrada do Duende das palavras. E isso foi o que aconteceu. O duende achou a brecha e passou. Qual fora esse amor? Escutem e saberão:

Pedro era um grande curandeiro. Seu maior prazer consistia em ver a cara das pessoas que, havendo chegado possuídas pela dor, sentiam sair das suas mãos a energia que levava o alívio e a tranqüilidade as suas vidas. Além de ser admirado e respeitado no seu reino, vivia sendo chamado para levar sua sabedoria para outros reinos.

Tudo seria perfeito para Pedro se não fosse pela sua solidão. Ele sonhava encontrar uma mulher que estivesse disposta a viver com ele a grande aventura do amor.

Um belo dia —talvez um dos mais belos dias da sua vida— e de forma inesperada, porque estava no seu papel mais sério, o de Mestre de um grande grupo de aprendizes de curandeiro, Pedro reparou em uma presença mais do que especial: havia uma belíssima moça que o envolvia com seu doce e encantador olhar. Pedro não sabia mais o que fazer... era extremamente difícil para ele estar nessa situação. Se por um lado devia satisfazer a sede de saber de todos aqueles aprendizes, ávidos pelas seus ensinamentos, pelo outro, como não sentir o poderoso efeito desse chamado para o seu coração. Aquele dia sua alma falou mais alto que sua ciência... Naquela hora ele não queria mais estar no terreno da sabedoria que ajuda a aliviar a dor dos outros, não, ele queria deixar-se levar pelo feitiço daquele olhar que acenava com a cura da sua própria dor... sua solidão.

Selene, do seu lado, sentia seu corpo estremecer e, ao mesmo tempo que enfeitiçava, rendia-se aos efeitos do feitiço. Naquele momento viu, com os olhos da sua alma, que a longa caminhada da sua vida, sua experiência, a havia conduzido para aquela encruzilhada. E ela sabia que daí para frente teria que decidir se ousava ou não... O risco era grande. O amor que se anunciava carregado de promessas era tudo que ela anelava. Sua experiência lhe dizia que não seria fácil, ninguém encontra facilidade em uma tarefa dessa magnitude. Mas ela desejava com todas as forças da sua alma e faria tudo que fosse necessário para conquistar o seu amor.

Pedro e Selene se encontraram. Selene e Pedro se amaram. Pedro e Selene caminharam juntos, suas mãos se entrelaçaram. Selene e Pedro sentiam-se plenos de amor para dar, tinham muito amor para receber, muitos sentimentos para comunicar. No começo as palavras, os simples te amo!, saíam com tanta facilidade e explodiam qual fogos de artifício, iluminando seus rostos de felicidade, seus olhos de esperança, seus lábios de risos cristalinos, seus corações de mais amor.

Todo cuidado era pouco, e eles tinham extremo cuidado. Cuidavam um do outro, de ambos, do seu amor. Mas o Duende das palavras, aqui é que ele entra, mantinha-os sob seu olhar vigilante, esperando apenas o momento mais propício para iniciar sua série de traquinagens. Nada era mais estimulante para ele que ver o verdadeiro amor perdido em um mar de incompreensões. Seu jogo favorito era transformar o que um dos amantes queria dizer em algo diferente. Isso era tão divertido como transformar o que ele havia ouvido no contrário que ela havia dito. As suas primeiras investidas não eram de tudo frutíferas. O amor era mais forte. Ambos se olhavam, confusos, entristecidos, mas desejosos. Havia sempre um que tentava novamente. Em outras ocasiões era o outro que, com um gesto simples, apagava as palavras trocadas pelo Duende. E o amor continuava fluindo, crescendo.

Mas o Duende das palavras não se desanima facilmente. "Vocês não perdem por esperar", pensa, cada vez que os amantes desarmam uma das suas armadilhas. Quando tem a oportunidade de importunar o amor ele sabe ser persistente. Como ele sabe que está perto de conquistar um novo território? Ah!, isso para ele é simples, basta ver como cada vez se torna mais difícil apagar uma palavra mal compreendida. Ele reconhece muito bem o cansaço que suas traquinagens provocam nos casais. Ele adora os sentimentos de injustiça que se vão acumulando. E, cada vez que pode, sussurra nos ouvidos de um ou outro uma das suas mais elaboradas interpretações: "Viste como ele é? Por mais que tu te esforces, ele não reconhece. Ele é muito egoísta, isso sim, egoísta é que ele sabe ser. Ele não te enxerga! Claro que não te ama." Quando fala com ele não fica atrás: "Não sejas bobo, ela jamais vai reconhecer teu esforço, se esperas que ela te faça sentir bem, se esperas que te demonstre sua confiança em ti... estás perdido! Conta outra. Ela só sabe exigir, cobrar, querer mais e mais. Tu não lhe importas!"

O amor luta, mas o Duende das palavras é experto demais, e aproveita qualquer oportunidade. Aquelas rusgas que sempre acontecem entre as pessoas, ele as transforma em questão de honra... quem ceder está acabado, perde. Quando o tempo se alia ao amor e ele percebe uma leve disposição à aproximação, o Duende das palavras fica alerta, antes de permitir uma troca entre os membros do casal, destila o seu veneno:

—Para que vais tentar falar com ele? Boba que tu és, ele nem te ouve. Os homens são assim, não sabem ouvir. Quer dizer, não sabem ouvir a própria mulher, porque lá fora, tu sabes, esbanjam simpatia e como sabem ouvir! Parece que nada os incomoda. Agora, se queres que te ouça tens que te impor. Não interessa se, naquele momento, ele não quer conversar. Que não seja covarde, que enfrente. Quanto mais ele se negue... mais tu falas. Pelo menos isso, que te ouça. Se não adiantar de nada, não tem importância, pelo menos te ouviu. Não te fez de boba, não fica achando que te fez de boba.

O homem também será aturdido pelos seus conselhos. Sobretudo quando estiver mais disposto a aproximar-se da sua mulher. Essa aproximação é perigosa para o Duende, ele poderia ver ruir todo seu trabalho. Está na hora de intervir.

—Ei, lá vem ela! Vai sobrar para ti. Sabes o que quer?, acusar-te de tudo que está ruim na relação. Ela vai chegar e dizer: "precisamos conversar". Tu já sabes, vai falar sem parar sobre tudo que aconteceu (e muito que não aconteceu!), desde que vocês se conhecem. Se abrires a boca estás perdido!, tudo que digas poderá ser usado contra ti, cuidado! Deixa-a falar, total, não vai dizer nada de novo.

Vocês imaginam no que dá. É a festa do Duende das palavras. Seu sonho realizado. Parece que seu lema "Tudo que será dito nessas circunstâncias será mal interpretado", acaba cumprindo-se perfeitamente. Tudo que é dito —e também o que não é dito— muda de sentido. O Duende assiste de camarote a refrega. Ele bate palmas cada vez que surge uma nova confusão, uma nova agressão. Ele sabe que suas palmas acirram os ânimos, sabe que aquele que ficou diminuído pelo ataque do outro, vai buscar novas forças para contra-atacar e que, para sua satisfação, o tom vai subir cada vez mais. Ah, estava esquecendo, depois dessas batalhas o toque final, o duende só tem sossego quando vê que cada um toma seu rumo, um dorme virado para um lado e o outro para o outro. Os seus olhinhos penetrantes conseguem ver o enorme desejo de ambos: o que eles queriam era poder estar juntos, abraçados, exaustos, derrotados-vitoriosos no campo de batalha do amor. Mas não, ficam tensos sentindo-se traídos, sentindo-se fracassados, perdidos, humilhados, perdedores. Para ambos, do seu lado jaz o algoz, aquele que mais uma vez ganhou uma batalha contra a vida, contra a paz, contra o equilíbrio, contra o amor.

Mas ninguém ganhou. Vocês sabem que o resultado dessas batalhas é sempre uma derrota multiplicada, a derrota dele, multiplicada pela derrota dela, elevada a potência da derrota do casal. Se não fosse porque o Duende está exultante, ele ganhou, diríamos que ninguém pode ganhar essa batalha.

Assim, o Duende das palavras havia se introduzido e apoderado da vida de Pedro e Selene. Quando Selene queria dizer "Pedro sinto sua falta, quero estar com você", ela dizia "Com quem você anda, você tem outra?" Quando Pedro queria dizer "Eu tenho tanta saudade de você, quero estar nos seus braços", ele engasgava e dizia... "sempre que eu chego tem algum problema, você sempre prefere ter um problema!", e um monte de outras coisas que ela não entendia.

Selene e Pedro chegaram a um ponto em que a vida que viviam não era vida. A morte estava infiltrada em quase todos os seus instantes. Eles se lembravam daquelas palavras “até que a morte os separe”, pois bem, a morte do amor estava separando-os.

Porque não separavam, vocês dirão. E não os culpo, essa era a pergunta que as pessoas do reino se faziam. Aonde quer que fossem, eles levavam consigo esse cheiro inefável do amor em agonia. As pessoas que os freqüentavam sentiam-se mal na sua presença, aos poucos iam afastando-se. Sim, e porque não separavam? A razão é muito simples, esse amor estava agonizante mas não havia morrido. E antes de morrer lutaria até o último suspiro. Para o seu amor qualquer ocasião era pretexto para abrir uma brecha. E ele não desistia porque ele sabia que Selene era a mulher que Pedro queria, sem tirar nem por, era ela a eleita do seu coração. Ela sabia que Pedro era seu homem, ela o admirava e o desejava intensamente, não queria mais ninguém.

Quando estavam longe um do outro as coisas eram um pouco diferentes. Não sei se vocês sabem que com a distância o Duende das palavras perde um pouco do seu poder. Ambos podem mandar suas mensagens amorosas sem a interferência do Duende. Pedro sabia que Selene o esperava, sentia-se feliz. Selene sabia que Pedro ansiava pela sua companhia, sentia-se feliz. O problema era que o encontro era preparado pelo Duende das palavras.

Nessas estavam, quando um belo dia Pedro e Selene conseguiram escapar por alguns minutos da influência do Duende das palavras. Nesse fugaz instante decidiram que teriam que fazer alguma coisa, que deveriam lutar para alimentar o seu amor. Imediatamente buscaram e pediram conselho. Um velho, conhecido pela sua sabedoria, aconselhou-lhes que procurassem um pajé célebre pela sua antiga inimizade com o Duende das palavras.

Pedro e Selene, que como dizia, estavam exauridos pelo fracasso, foram ter com o pajé e em pouco tempo haviam apresentado sua situação. O pajé logo percebeu o quanto a situação era delicada, o amor estava em um estado de fraqueza extrema, mais uns dias e morreria irremediavelmente. Mas pajé, ao ouvi-los falar e perceber que tudo era produto do sujo trabalho do Duende das palavras, comprou a briga [mais uma!] e se dispôs a estar junto com Selene e Pedro nessa refrega. O pajé estava totalmente envolvido com eles e sabia que se o Duende das palavras ganhasse... ganharia dos três.

O problema é que para fazer esse compromisso, vocês sabem, o pajé precisava ter certeza de que ambos estavam dispostos a entrar com tudo na briga. A partir do momento que se iniciasse esse novo período de luta, o Duende das palavras faria questão de utilizar suas melhores armas para sair vitorioso. Ah!, e que prazer ele não sentiria se conseguisse vencer, seria uma vitória com sabor especial. A parada não seria, porém, fácil... para nenhuma das partes.

O pajé, como já dissemos, entrara na briga para valer. No seu primeiro encontro captou a magnitude dos destroços causados pelo Duende. Mas, também no primeiro encontro, percebeu que cada vez que conseguia pegar as palavras no ar e não permitir que chegassem ao seu destino deturpadas pela intervenção do Duende, a barreira de incomunicação que separava Pedro e Selene tornava-se mais vulnerável. Fazia tanto tempo que o Duende estava trabalhando que nenhum deles se lembrava de haver ouvido certas coisas. Vocês precisavam ver a cara que eles faziam quando as palavras trocadas que eles diziam eram destrocadas no ar e chegavam inteirinhas ao seu destino. Eles pareciam estar reconhecendo aquelas duas pessoas que, um tempo atrás, haviam-se apaixonado uma pela outra. O seu amor levantava a cabeça e, desde seu leito de morte, murmurava animado: "Sinto um sopro de vida percorrendo o meu ser. Vivo, sou capaz de reviver.""

Mas o Duende não dava sossego, ele não queria largar suas presas. Havia momentos em que, vencendo a timidez, um se dirigia ao outro e as palavras saíam limpas e puras, mas no último instante o Duende mudava o seu sentido antes de atingirem seu alvo. A tensão se restabelecia e os olhares diziam: "está vendo... com ele/ela não é possível."

Várias foram os encontros de Pedro e Selene com o pajé. Houve momentos em que mesmo ele sentiu seu ânimo decair. Parecia não ter forças para estar do lado do casal. Para que continuar se eles estavam tão desiludidos? Em um dos momentos de maior tensão —o Duende havia feito das suas e transformado tudo: palavras, intenções, resultados e tudo que viu ao seu alcance— Selene e Pedro contaram que durante vários dias haviam conseguido manter o Duende afastado. Eles haviam falado, cristalinamente, de saudade, de desejos, de ternura, em suma, de amor.

Talvez fosse por isso, pensou o pajé, que o Duende havia voltado com tanta força, com tanta sanha. Ele estava vendo seu reinado ruir, estava vendo com seus próprios olhos, como Pedro e Selene eram capazes de dizerem aquilo que desejavam dizer, estavam aprendendo a ouvir com a pureza com que outrora haviam sabido ouvir. Seu amor arriscava já a dar novamente seus palpites. Pedro e Selene haviam compreendido que uma das artimanhas do Duende era usar o tempo contra eles. Quanto mais tempo perdido em brigas e discussões inúteis, mais chance teria de atingir o seu objetivo... a separação de ambos, a morte definitiva do seu amor. Eles queriam agora ganhar esse tempo, usufruir da vida, um com o outro. Cada instante de distância e mal-querer seria um instante menos de vida. Mas agora estavam descobrindo o caminho: a vida do amor compartilhado é a via da aceitação e da busca de novos encontros.

Quando, depois de um dos seus encontros, o pajé os viu afastar-se, mais próximos e determinados a se encontrarem, sua alma se encheu de serenidade. Não seria desta vez que o Duende ganharia a batalha. Assim como é o amor que dá o sinal para sua chegada, é também o amor que provoca sua partida. Quando um casal, daqueles que foi atormentado por suas traquinagens, acorda de manhã, abraçado, embalado pelo afeto e sorri, porque sabe dizer seu amor, porque sabe confiar, o Duende das palavras perde seu poder. A brecha que o deixou entrar no nosso mundo se abre novamente e ela passa para o outro lado.

Aí ele fica, à espreita. Sempre que um casal comece a se amar ele sentirá o desejo de vir confundi-lo com suas traquinagens. Agora ele está do outra lado, repetindo sua ladainha: "Amar vem de amarrar, amor tem a ver com amortecer, amar rima com amargurar, amo dá em amolo. Oh!, a mor te chama. O amor te chama. Oh!, a morte chama. Oh! Chama a morte."

Ele que lá fique e que o amor possa frutificar sem interferências.

Bem, eu já me alonguei muito com a minha história, o sol e a lua já saíram de debaixo das cobertas da noite. Ela leva a saudade com sabor de mel do seu encontro. Ele fica com a certeza de que a próxima vez saberá, de novo, acalentá-la com os seus raios e sentir na sua alma, a seda da sua presença.

Outro dia, se houver, possibilidade, conto o resto da história...

A prudente e equilibrada Balança

Quando a Garrucha acabou de falar, a emoção não cabia na sala. E olha que essa sala está acostumada a receber muitas e profundas emoções. Mas a Garrucha, convenhamos, havia sido demais, sua história, aparentemente tão terrível (há por acaso algo mais terrível que a morte do amor?) , deixara um gosto de esperança na alma de todos os presentes. É possível se enfrentar e vencer os poderosos inimigos do amor!

Estava novamente na hora de uma intervenção da Máquina de Escrever, que disse.

—Pessoal. O sol sorri do alto e avisa que daqui a pouco nós é que vamos ouvir as histórias das pessoas que breve vão chegar. Será preciso manter a compostura. Eu entendo, agora mais do que nunca, cada um de nós quer compartilhar com os outros alguma das suas histórias. Somos obrigados, porém a sermos pacientes. A hora vai chegar, o Relógio que o diga. Não é preciso lembrar que ninguém pode saber das nossas conversas. Podem ouvir à vontade, mas fiquem quietos e até mais tarde.

Muita gente passou aquele dia pelo atelier. Como sempre, não faltou alguém que dissesse: "que linda máquina, é muito antiga não é?" Ninguém podia dizer nada, apenas ficar muito sério e contribuir para manter o clima especial e aconchegante daquele lugar. Agora só resta esperar por una nova noite.

O dia foi longo. Que nada!, cada um dos objetos sentiu como se fosse o dia mais longo da sua existência. Mas como a noite sabe, sem se impacientar, esperar sua vez, e a sua vez sempre chega, também chegou a vez dos objetos. [Demais está a dizer que naquele dia eles quase faltaram forçar a saída das pessoas!]

Como já se havia tornado um hábito... os olhares tornaram-se para a Máquina de Escrever. Desta feita, ela sentia que se não fizesse —e muito rápido!— o que tinha para fazer, poderia provocar um tumulto. Por isso virou-se para a Balança e, com parcimônia, disse-lhe.

—Tudo bem. Agora estamos prontos para prosseguir nosso fantástico encontro. Na minha opinião... pelo que estou percebendo, dona Balança —sempre tão prudente e equilibrada— está que vai de um lado para outro e creio que se não lhe passarmos a palavra vai ter uma vertigem e passar muito mal.

A Balança que, para dizer a verdade, estava realmente em tempo de sair do seu equilíbrio, ficou muito contente com a proposta da Máquina de Escrever e, aprumando-se toda, disse:

—A história que eu quero contar-lhes aconteceu há muitos anos em uma terra longínqua...

A Árvore, o Pássaro e o ninho

Era uma vez, em um reino muito distante, uma grande e frondosa Árvore. Era ela tão bela e tão forte que todos que passavam por perto acabavam exclamando: "Oh!, que bela Árvore. Olha como ela é forte." A Árvore, que sabia que era bela e forte, e disso estava muito orgulhosa, tinha certos momentos em que o simples fato de ouvir falar da sua fortaleza deixava-a furiosa. "Mas, como?" Dirão vocês. "Qual o mal em reconhecer a força e a beleza de alguém!? Essa Árvore deve ser muito enjoada!" Quem assim pensar estará cometendo um grave erro e uma grande injustiça. É preciso que conheçam um pouco da sua história para compreendê-la. Querem conhecê-la? Então vamos lá.

A sua semente era o produto do enxerto de duas árvores de reinos diferentes, talvez por isso ela sempre tenha sido, também, diferente. Desde jovem, a Árvore já mostrava o que iria ser quando crescesse. Seu belo e harmonioso caule chamava a atenção de todos, o mesmo acontecia com a sua folhagem. Uma folhagem de tirar o fôlego, diziam.

Muitos foram os viajantes que fizeram intermináveis viagens para poder usufruir da sua fresca sombra. E a Árvore sempre manifestava sua grande satisfação, quando podia servir de abrigo para alguém. Se se quisesse ver a Árvore satisfeita era só dar-lhe a oportunidade de poder acolher aquele que precisava de proteção e abrigo.

Assim vivia a Árvore, enfeitando a paisagem e abrigando os passantes. Ela era muito feliz. Um aziago dia, porém, durante uma longa seca, a nossa Árvore ficou sabendo que, não muito longe dali, havia sido abatido um grande e belo Jacarandá Mimoso, uma outra Árvore muito querida por ela. Sua tristeza foi imensa. Nunca mais iria deliciar-se com o suave perfume das suas maravilhosas flores roxas, seria para sempre privada do espetáculo do tapete que ele, galante, estendia aos seus pés.

Por esses dias chegou ao reino um Pássaro que vinha de muito longe. Vocês podem imaginar como ele não ficou admirado ao pousar em um dos galhos da Árvore. Ele não imaginava que pudesse encontrar tanta beleza e tanta força. A partir desse dia, o Pássaro passou a morar na Árvore e só saía dela para ir procurar o seu alimento. No começo a Árvore, naturalmente tão hospitaleira, teve dificuldades em acostumar-se à presença do Pássaro. Não esqueçam que ela estava ainda abalada pela morte do Grande Jacarandá Mimoso.

Com o passar do tempo, no entanto, a Árvore passou a gostar da presença do Pássaro, tanto que, quando ele começou a fazer os preparativos para a construção do ninho, ela ficou muito entusiasmada. Ela mesma ajudava na construção e fazia, até o impossível, para evitar que o vento destruísse o trabalho dele. Finalmente, depois de muitos preparativos e tanta espera, chegou o grande dia!, o ninho apareceu enfeitado por três lindos ovos.

—Teremos que cuidar muito bem deles!, —dizia á Árvore ao Pássaro— nada lhes pode faltar."

Porque ela acreditava que a responsabilidade pelo ninho e pelas crias deveria ser compartilhada por ambos. Em diversas ocasiões, durante a ausência do Pássaro, a Árvore ficava pensando na falta que ele fazia para os pequerruchos. Ela não queria que crescessem privados do seu contato. Mas o Pássaro tinha que fazer longas jornadas para providenciar o sustento das crias, era por isso que ele ficava tanto tempo ausente.

Quando tinha a sensação de que o Pássaro não estava fazendo exatamente aquilo que devia para garantir o conforto dos ovinhos, ela ficava muito irada, tanto que parecia que estava sendo sacudida por uma forte ventania. Ah!, se o Pássaro chegasse perto de um dos seus galhos nesse momento, voaria muita pena por todos lados.

Mas, geralmente, a Árvore conseguia manter o controle da situação, de tal forma e tão bem que a sucessiva eclosão dos ovos foi acontecendo dentro dos conformes. Bem, conformes não, porque em cada uma dessas eclosões a Árvore ficou em um estado de animação extraordinário. Era a Árvore mais orgulhosa das redondezas, e também a mais feliz.

Com o passar do tempo, ela foi acompanhando todas as transformações dos passarinhos. Primeiro cresceram-lhes as penas, depois foram ganhando autonomia, podiam sair do ninho e passear pelos seus galhos. Um dos momentos mais emocionantes, vocês podem imaginar, é aquele em que um dos passarinhos alça o seu primeiro vôo! Não fazem idéia de como a nossa Árvore ficava quando o passarinho batia suas asinhas, ganhava altura e dava suas primeiras voltas em torno dela. Ela ficava sem fôlego! Era um perigo!, eles estavam começando a vida e começando a ganhar o mundo mas, longe da Árvore, os perigos eram muito grandes. Havia, também, o outro lado. Ela ficava muito orgulhosa quando os passarinhos iam aperfeiçoando seu vôo... era uma delícia ver como se apropriavam do espaço, como o preenchiam com a graça das piruetas. Ah!, que beleza, como era grande a satisfação da Árvore.

Assim andavam as coisas quando, um aziago dia, eis que de repente, o Vento Sul começou a fazer das suas, lançou uma forte e inesperada lufada que derrubou o caçula dos passarinhos. Como não estava ainda preparado para voar, de nada adiantou o esforço que ele fazia ao bater suas asinhas. Tampouco adiantaram os esforços desesperados da Árvore para evitar sua queda. A Árvore sentiu-se terrivelmente presa ao chão, nunca antes havia odiado tanto suas poderosas raízes. Sua seiva gelou. Passado o primeiro susto e percebendo que o caçula dos passarinhos não havia morrido, ela começou a preocupar-se com a sua recuperação. Desde o primeiro momento sua determinação havia sido tomada: faria tudo que estivesse a seu alcance para que o passarinho pudesse crescer sadio e forte, para que fosse, um dia, capaz de conquistar sua própria autonomia. Por acaso os pássaros não nasceram para voar? Sim, não lhe faltariam nem galhos, nem ramas, nem raízes para fazer de tudo para proteger e cuidar do seu passarinho, ele conquistaria um dia o seu espaço e seria um grande e belo Pássaro. Seus sonhos eram sulcados pelos vôos do seu querido caçula. Demais está a dizer que, nos seus pesadelos, ele aparecia incapacitado de voar e preso ao chão para sempre. Mas ela nunca desanimava.

Assim se passaram muitos anos, a Árvore sempre empenhando-se nos cuidados do passarinho. Cada vez que ele alçava seu vôo a Árvore sentindo desfalecer, fazia-se a mesma pergunta: "Será que ele já está pronto para voar com suas próprias asas?" E, ao vê-lo desaparecer entre as nuvens, ficava ela remoendo sua angústia. Mas ela mesma não sabia que a realização de um pássaro é o seu próprio vôo? Porque então tanta preocupação? A resposta não é muito simples, ela havia ficado muito impressionada com a queda provocada pelo vento sul e sempre se perguntava se o seu passarinho conseguiria algum dia tornar-se um belo pássaro adulto, capaz de voar e construir seu próprio ninho em uma outra Árvore. Mas o pássaro já não estava voando? Sim, acontece que muitas e muitas vezes ele voltava para o ninho todo machucado, completamente esfolado, quase sem vida. Um dia as feridas haviam sido provocadas pela briga com pássaros maiores, no outro, tinha sido o tiro de um caçador, outras vezes haviam sido os frutos venenosos que ele havia comido. Isso tudo não fazia mais que reforçar a convicção da Árvore sobre a necessidade de dedicar-se cada vez mais ao passarinho: "Em quanto ele não estiver pronto para levar uma vida autônoma, eu não o abandonarei", dizia, para quem quisesse ouvi-la, a nossa Árvore. E quanto mais ela fazia, mais inútil e dependente ia ficando o passarinho.

As coisas iam, como podem imaginar, de mal a pior. A Árvore cada vez menos viçosa e o passarinho cada vez mais dependente e inútil. Ela sentia que suas forças estavam esgotando-se e que iria perder definitivamente a luta pelo crescimento do passarinho. E ele?, ah!, ele parecia não se importar com nada. Porque haveria de importar-se?, a Árvore que se importasse, a Árvore que se virasse e que resolvesse tudo! E, curiosamente, à medida em que a Árvore ia fazendo tudo que podia por seu caçula, ele ia ficando mais agressivo e desrespeitoso. Parecia que em vez de crescer ia ficando cada vez menos apto para a vida.

Um daqueles dias em que ficava remoendo sua frustração, remoendo sua sensação de impotência no meio da mais profunda tristeza, a Árvore ouviu os comentários de um grupo de pássaros que falavam das dificuldades que haviam tido para encaminhar seus filhotes na vida. Havia de todos os tipos e provenientes de todas as latitudes. Um deles, dos mais cultos e viajados, por certo, contou algo que havia ouvido durante uma das suas longas viagens: as peripécias de um casal de pingüins que não ousavam deixar o filhote nadar nas geladas águas do mar Antártico. "Ele sempre lhes parecia muito inexperiente para tentar uma tal aventura. Viviam em um alerta constante, qualquer descuido poderia ser fatal... Um dia, porém, quando eles estavam mais atentos, o filhote escorregou em um grande bloco de gelo, caiu na água e... antes mesmo que seus pais pudessem esboçar a menor reação, saiu nadando com grande agilidade." Imaginem a algazarra que não foi naquele momento, todos os pássaros queriam falar ao mesmo tempo, todos queriam falar dos seus medos e de como, afinal, haviam acabado empurrando suas crias para que alçassem vôo, para que realizassem sua própria natureza.

A conversa dos pássaros estendeu-se pela noite adentro, mas a nossa Árvore deixara de prestar atenção nas aventuras que logo seriam relatadas. Ela continuou ouvindo a história dos pingüins. "Será possível?", perguntava-se. Aquela, definitivamente, não seria uma noite como as outras e ela, sabia disso, não conseguiria conciliar o sono. Os comentários das aves não saíam da sua cabeça. "Será possível", repetia, "será possível que eu tenha que deixar o meu passarinho voar livremente, sem ficar o tempo todo querendo saber se ele já é capaz de dirigir-se sozinho?" Os argumentos favoráveis eram muitos, e ela os conhecia de cor e salteado, mas acontece que os argumentos contra... também eram muitos! Sua folhagem, acostumada com o movimento e a liberdade aconselhava em um sentido, já as suas raízes, sempre mais conservadoras, aconselhavam-na no outro. "Ah!, se o Pássaro se ocupasse dele, se assumisse seu papel! Mas não, não se mexe, não faz nada. O que é que eu posso fazer?" "Deixa-o viver", ouviu como em um eco da sua própria voz interior.

Quando o dia amanheceu encontrou a Árvore decidida a tomar uma atitude, a partir daquele momento ela não iria mais ficar tomando conta do passarinho o tempo todo, afinal de contas, já não era mais um passarinho, era um grande Pássaro que deveria poder correr o risco de voar com suas próprias asas e viver a sua vida. Esse dia a Árvore viu partir o caçula dos pássaros e deixar o ninho vazio. Não se pode dizer que seu coração não tenha ficado bem apertadinho, mas no fundo tinha a certeza de que isso era o melhor que ele poderia fazer. Ele que procurasse pelo grande pássaro e com ele aprendesse os segredos do vôo.

Conta a lenda que um dia em que a Árvore estava vivendo um momento de reflexão, ouviu um belo canto. Não foi preciso fazer muito esforço para reconhecer o canto do caçula dos pássaros, o vento transportava claramente sua mensagem, ela podia ouvir como, com saudade, ele dizia: "Eu te amo!" A Árvore, estremecendo-se toda e embalada em um misto de saudade e satisfação, foi percorrida pela sensação de que havia sabido cumprir com sua tarefa. Havia encontrado o equilíbrio que tanto desejara.

A Árvore, sempre bela e forte, viveu por longos anos, satisfeita por ter conseguido ver a decolagem do terceiro Pássaro do ninho.

A-Chave e os enigmas

Mal a cadenciada voz da Balança havia cessado de embalar o auditório e já o grupo a saudava com uma salva de palmas. Salva de palmas? Sim, talvez por terem gostado muito do relato ou porque já se sentiam mais à vontade para se manifestarem com inteira liberdade. Demais está a dizer a satisfação que se refletia na Balança, seus pratinhos brilhavam como novos.

Durante alguns instantes ouviu-se o burburinho provocado pelos diversos comentários que discretamente percorriam os quatro cantos da sala. E como era de praxe, a seguir, as atenções voltaram-se para a Máquina de Escrever. De quem seria agora a vez?

A chave tava que tava, não parava de se mexer. Ela fora uma das últimas a chegar. Como havia conseguido entrar na sala?... ninguém saberia dizer ao certo. A verdade é que quando os demais se deram conta, ela já estava, comodamente instalada, em uma das estantes. Fazia parte do grupo. Resolver o enigma da sua entrada poderia ser um jogo interessante, não fosse justamente ela a grande especialista no jogo dos enigmas.

Foi esse o assunto que a levou a remexer-se na prateleira e fazer esse seu tilim, tilim, característico das chaves quando se agitam ou têm que abrir uma nova porta ou uma nova alternativa.

Como se tivesse adivinhado que todos estavam voltados para a questão do enigma e, aproveitando o silêncio reinante, disse:

—Eu poderia contar uma história muito bonita, vocês poderão ver como os enigmas não resolvidos podem provocar inúmeros problemas. E sua resolução... muitas alegrias.

Dado que o ambiente não era nem um pouco competitivo, a aquiescência foi geral, todos estavam desejosos de ouvir a história da Chave. Não restava à Máquina de Escrever mais do que formalizar a escolha.

—Dona Chave, falou, seria tão amável em contar-nos sua história? Tenho certeza vamos usufruir de um belo relato.

Depois de um novo tilim, tilim, a Chave empertigou-se e com uma voz muito clara disse:

Os Esquilo, a cidade e a floresta

Sua moradia encontrava-se na linha que separava uma grande e exuberante floresta e uma movimentada cidade. Como resolveram que esse seria o ponto ideal para instalar o seu ninho, ninguém sabe ao certo. O fato é que era uma linda morada. E não poderia ser de outra forma, claro. Ambos eram muito caprichosos e trabalhadores, onde já se viu um esquilo preguiçoso? Sim, porque a família à qual estou me referindo, era uma linda família de esquilos. Além dos pais, quatro esquilinhos completavam o grupo.

Os Esquilo eram conhecidos e respeitados por todos da comunidade. Seu Esquilo estava muito orgulhoso pelo lugar que eles tinham conquistado, tanto na floresta, quanto na cidade vizinha. Todas as manhãs era visto, com seus grandes bigodes, descer em busca de trabalho. Sabem qual era seu trabalho? Pois bem, Seu Esquilo achava que nenhum bicho, nem grande nem pequeno, deveria ser displicente com o cuidado dos seus dentes. "Já pensaram, dizia ele, o que seria das nossas vidas sem a força dos nossos dentes?" Mas não era só da força que ele falava, para ele a estética era fundamental. Era preciso ter um belo sorriso.

O Seu Esquilo amava o belo. Quem conhecesse Dona Esquila saberia do que estou falando... Para ver Seu Esquilo satisfeito, bastava que Dona Esquila entornasse seus lindos olhos e abrisse o seu sorriso. Essa combinação fazia derreter-se o coração do Seu Esquilo.

Só ele trabalhava? Devem estar se perguntando... Não, de maneira alguma. Dona Esquila também era extremamente trabalhadora. O que é que ela fazia? Para ela não bastava que um bicho tivesse bons e belos dentes. Para ser completo, todo bicho deveria ser, também, um bicho esperto. Ela vivia procurando informações sobre as experiências de outros bichos. Uma vez que as assimilava, não tinha sossego até conseguir que os bichinhos das redondezas apreendessem as novas lições. Ela sentia o maior orgulho dos seus pupilos.

Mas a vida da família era muito boa, vocês dirão... e com razão. Foi muito boa e durante muito tempo, sim. Tudo corria da melhor maneira possível, com seus altos e baixos, é claro, mas como eles sempre sabiam encontrar saídas criativas diante das crises, podemos afirmar que tudo corria da melhor maneira possível.

Acontece que, como durante um longo período, Dona Esquila viveu correndo, dividida entre a atenção que prodigava aos seus pupilos e os cuidados requeridos pelos seus quatro filhotes [quantas vezes Dona Esquila não exclamou: "Quem me dera ser polvo para ter oito braços! Ou aranha que fosse! Só assim poderia dar conta do recado!"] E isso sem falar que Seu Esquilo também precisava dos seus cuidados. Muitas vezes, quando ele voltava para o ninho, com vontade de ser recebido pelo sorriso e o olhar amoroso de Dona Esquila —ela, que além de estar cansada do trabalho com seus pupilos, tinha que correr de um lado para outro para atender a seus filhotes— sentia vontade de... de-sis-tir. Ela não dava conta. "Até parece que é o Leão que chegou!", dizia, "quem ele acha que é? O rei da selva? Só se fosse!"

E o Seu Esquilo pensava: "Leão?! Eu sou mais importante que o Leão! Ora Leão, para ela eu devo ser o mais importante!" Ele podia não ser o "Rei da Selva", mas queria com todas as suas forças ser o "Rei do Coração" da Dona Esquila. Como os esquilos são extremamente suscetíveis, sempre que não recebia toda atenção que esperava, Seu Esquilo ficava muito triste, indócil, quem o visse dentro de casa, nessas circunstâncias, diria que se tratava de um bicho enjaulado...

Enjaulado falei? Qualquer coisa menos isso, seria a morte! Seu Esquilo tinha uma verdadeira aversão às jaulas, de todo tipo. Ele era um amante da natureza. Quando passava muito tempo sem poder usufruir do contato com a natureza, Seu Esquilo ficava literalmente doente. Sempre que podia, organizava passeios pelos bosques das redondezas e, ô suprema alegria, pescarias nos rios e lagos da floresta. Seu Esquilo era tão apaixonado pela pesca que recebeu o apelido de Martim-pescador. Sua reputação entre os pescadores da região era grande, sua simpatia e sua perícia haviam conquistado todo mundo.

E Dona Esquila, também amava a natureza? Aí é que está... ela amava profundamente a vida da cidade. Qualquer ocasião era boa para Dona Esquila arrumar-se e passear pelos diversos pontos da cidade. A simples menção da palavra cidade deixava-a toda arrepiada. Um dos seus maiores prazeres era aprontar-se e sair abafando pela cidade. Ah!, porque quando ela resolvia ficar pronta... ela ficava mais encantadora do que as próprias fadas do bosque.

Então, vocês dirão, como era a vida desse casal? Complicada, muito complicada. Sabem por quê? Porque cada um dos dois manifestava uma verdadeira reação alérgica diante do território tão amado pelo outro. "Eu, mato?, Deus me defenda!", exclamava-se Dona Esquila. "Não suporto a formalidade da cidade, que sufoco!" Retrucava Seu Esquilo. Facilmente vocês imaginarão que não era fácil conciliar um programa. Ir para a cidade... sufoco para Seu Esquilo, ir para a floresta... agonia para Dona Esquila. Nessas circunstâncias nunca se chegava a nenhum acordo e todas as combinações funcionavam mal. Quando a, instâncias de Dona Esquila, iam para cidade, Seu Esquilo ficava indócil, resmungava, não via a hora de voltar. Ele não dizia nada, não era de muito falar, esquilos agem muito mais do que falam, e ele sabia muito bem demonstrar que não estava à vontade, não precisava falar. E Dona Esquila? Ficava uma arara. O que é que ela achava? Que ele não gostava dela, claro! "Não pode me ver satisfeita", dizia, "a partir do momento em que me vê satisfeita é um não parar de querer sair correndo! É um egoísta, não gosta de mim!"

Por outro lado, quando Seu Esquilo conseguia arrastá-la para um passeio na floresta, repetia-se a mesma história, só que no outro sentido. Parecia que Dona Esquila só era capaz de perceber os mosquitos, o desconforto. "Que graça que tem!? Pescaria... ainda vai sobrar para mim! Um monte de vadios jogando conversa fora. Ele esquece que eu estou aqui, que eu existo!" E Seu Esquilo? Virava bicho! "Como é que pode, será possível que eu não tenho direito nem a esse pequeno prazer? Não faço mal a ninguém, ela não me respeita."

É incrível como as esquilas quando ficam tristes com os maridos sempre acham que eles não gostam delas. Os esquilos, por sua vez, acham que elas não os consideram, que não os respeitam.

Assim transcorria a vida do Seu Esquilo e Dona Esquila. O afastamento era cada vez maior. Seu Esquilo sempre tentando dar uma escapada para sua amada floresta e Dona Esquila pondo mil e uma armadilhas para tentar prendê-lo. A situação era tão difícil que ambos passaram a perder o gosto pelo que sempre haviam amado tanto, a companhia do outro. Por outro lado, sua floresta não poderia assim ter o mesmo sabor. Sua cidade não a estimulava.

Seu Esquilo perdendo o prazer da saída? Sim, porque sempre que se preparava para sair pensava: "Que droga!, ela vai ficar com raiva, não vai gostar." Por isso ele escondia seus projetos de saída e quase sempre só avisava que iria ausentar-se para uma pescaria, bem em cima da hora. E, claro, ela ficava uma fera. Ele conseguia escapulir, mas muitos dos seus passeios perderam a graça. De qualquer maneira, por melhor que fosse, ele sempre sabia que, quando voltasse, pagaria caro por sua ousadia: o focinho de Dona Esquila ficaria muito comprido durante vários dias.

Dona Esquila também, já estava desistindo de divertir-se. Para que batalhar por uma saída se sempre dava problemas? Ir sozinha para a cidade? Isso não tinha graça, ela queria ir com Seu Esquilo. O que, como já dizia, mais do que passeio era uma temeridade. As brigas explodiriam e ele ficaria amuado durante dias, com um focinho longo que nem o focinho do tamanduá.

Um dia Seu Esquilo começou a sair demais. Estava diferente, parecia alheio a tudo que acontecia no ninho. O que é que estava acontecendo? Algo muito complicado, ele estava quase que mudando para outro ninho. Imaginem como ficou a situação da família Esquilo. Tudo parecia dar errado. Havia muitas tensões e, sobretudo, os desentendimentos eram cada vez maiores. E teriam levado a uma ruptura dolorosa e definitiva se não fosse aquele acaso extraordinário. O que aconteceu?

Um belo dia —em que, apesar do humor de toupeiras com que estavam, e sentindo-se no fundo do poço, havia resolvido fazer um passeio— ouviram a conversa que a Grande Coruja estava tendo com outras aves do bosque. Com aquele ar sério e imponente a grande Coruja comentava:

—O que acontece é que todo mundo esquece que não basta o desejo de se comunicar para conseguir seu objetivo. Se não compreendermos e aceitarmos que, por sermos diferentes, e como somos diferentes!, temos maneiras muito diferentes de expressar-nos, jamais conseguiremos passar da tolerância para a aceitação.

Seu Esquilo e Dona Esquila continuaram seu passeio, sem sequer mostrar para o outro que haviam ouvido claramente o comentário da Grande Coruja. Imaginem se um deles ia "baixar a guarda", reconhecendo algo que poderia dar argumentos ao outro na surda briga, cujo aparente motivo era ver quem era que tinha a razão! Como?! Ah!, quem diz que o outro não ia aproveitar para "ganhar" mais terreno e acabar "vencendo". Mas, no fundo dos seus corações, tanto Seu Esquilo, quanto Dona Esquila, que já estavam mais do que exauridos por essa briga sem fim, ficaram remoendo e remoendo as palavras da Grande Coruja. Conquistar a aceitação! Ambos haviam achado sempre que eram muito tolerantes e, mais, que era a tolerância uma das sus maiores virtudes. Ambos, cada um do seu lado por suposto!, conversaram aqui e ali, e finalmente compreenderam que a tolerância não passa de uma exigência adiada... tolerar é aguardar com mais ou menos paciência que o outro mude, que mude para aquilo que nós queremos que seja, diga-se de passagem. E aceitar?, ah!, essa já é outra conversa, aceitar é ver o outro como ele é e não desejar mudá-lo, é compreender que ele é assim e aprender a amá-lo tal qual é. Sem aceitação... não pode haver amor, concluíram, cada um do seu lado, Dona Esquila e Seu Esquilo.

A partir desse dia, eles começaram a retrair seus focinhos quando estavam perto do outro. Antes de iniciar uma conversa ambos refletiam e se perguntavam a si mesmos o que era que estavam querendo. Quando a resposta que se insinuava na sua alma era... "quero que mude, que seja...", eles já paravam e tentavam mudar o rumo das coisas. Por esse dias aconteceu um verdadeiro milagre. Os outros bichos da floresta que os conheciam acreditaram que eles haviam conseguido os favores das fadas do bosque, de outra forma não se podia explicar tamanha transformação. Quando o Seu Esquilo abriu seu coração e disse "ela é assim e eu não vou mudá-la, eu gosto dela tal qual ela é", quando Dona Esquila abriu seu coração e disse "ele é assim e eu não vou mudá-lo, eu gosto dele tal qual ele é", aconteceu o milagre e tudo começou a mudar. A primeira oportunidade que tiveram para constatar a nova brecha que se abria nas suas vidas foi um dia em que Seu Esquilo estava doido para participar de uma pescaria. Como não havia tido oportunidade de sentir o quanto Dona Esquila havia mudado, ele estava todo receioso de falar do seu projeto. Mas como se não falasse não poderia ir, armou-se de coragem e disse:

—Esquilinha... (dois pigarros), vai haver uma pescaria e tenho muita vontade de participar...

A sua longa experiência lhe fazia temer a cara feia de Dona Esquila e já estava preparado para dar o bote quando ela fechasse a cara.. Mas cara foi a dele, de surpresa! Quando Dona Esquila, com seu belo sorriso e seus grandes olhos iluminados, perguntou se precisava de algo e, ainda por cima, depois de dar-lhe um beijo no meio do focinho, desejou-lhe que se divertisse muito.

Seu Esquilo, ficou tonto. Mais um pouco e iria pensar que era uma armadilha da sua ardilosa companheira... Essa foi sua melhor pescaria em muito tempo. Sentia-se leve e satisfeito. Na hora de voltar para o ninho, porém, lembrou das longas horas, dos longos dias desperdiçados nas intermináveis brigas dos seus últimos anos.

Quando penetrou no ninho, Seu Esquilo deixou cair seu último pedaço de receio. Aí estava sua Esquilinha, pronta para acolhê-lo, satisfeita por vêlo de volta para o lar. Não quero cometer indiscrições, mas os bichos da floresta contam que, a partir daquele dia, a animação no ninho dos Esquilo foi cada vez maior. Ela subia em todas as árvores, ele sempre atrás, correndo e brincando. O barulho da correria só era comparável ao silêncio da paz que reinava depois da algazarra.

Seu Esquilo estava tão feliz e satisfeito que, não muito tempo depois, aproximou-se da sua Esquilinha e disse-lhe:

—Esqui, ouvi falar de uma gigantesca cidade, cheia de novidades. Não é perto, fica do outro lado da floresta, mas eu conheço um bom atalho, eu te convido para ir.

Dona Esquila quase que cai para trás. Isso era bom demais, ser convidada por seu Esquilo para conhecer a gigantesca cidade! Só podia ser um sonho! Não, não era um sonho, Seu Esquilo e Dona Esquila, estavam realizando, sem ajuda das fadas do bosque, o milagre da aceitação. Eles encontraram uma das chaves que abre as portas do amor. Deixaram de tentar mudar o outro e mudaram.

Conta a lenda que Dona Esquila e Seu Esquilo viveram muitas aventuras no decorrer dos longos anos que passaram juntos. Inúmeras outras dificuldades enfrentaram e, algumas vezes, até pensaram em desistir. Nunca deixaram, porém, de usar a chave da aceitação mútua. Eles viam o mundo com outros olhos e sabiam que a paz no ninho era seu bem mais prezado. A conquista da paz permitiu-lhes conquistar outros territórios e fortalecer o seu amor.

As Marcas do Carimbo

A Chave havia feito sua entrada triunfal no grupo. De uma quase desconhecida passava a ser, agora, um membro como todos os outros. Ela nem tentava esconder sua alegria, tilim, tilim, fazia. Nem parecia que fosse tão pequena, sentia-se plena e plenamente integrada.

O ambiente ficou um pouco tenso. Pelo avançado da hora era evidente que a próxima seria a última história da noite. Isso tornava a escolha um pouco mais delicada, não acham? Não que alguém duvidasse da capacidade dos contadores presentes mas... havia que fechar mais essa noite com algo muito especial.

O silêncio foi cortado pelo barulhino feito pelo velho Carimbo que se encontrava exatamente no lado oposto da sala. Quando percebeu que ele havia chamado atenção para si, ficou totalmente sem jeito... parecia que tivesse carimbado o dia todo com uma tinta vermelha, tão vermelho ele ficou. Sentiu-se tão exposto que quase se desculpou por estar ali. A intervenção da Máquina de Escrever foi, mais uma vez, providencial. Sem fazê-lo explícito, claro, ela interpretou o lapso do Carimbo como uma mensagem inconsciente: eu quero falar. Assim, sem mais, propôs:

—Seu Carimbo... será que o senhor poderia...

Ela não chegou a completar a frase, apesar da discrição com que havia falado, todos da sala puderam ouvir o comentário da Máquina Fotográfica: "Puxa vida!, como ela é formal! Seu fulano, dona sicrana... não poderíamos ser mais descontraídos?"

A Máquina de Escrever fez-se de ouvidos mocos e, como se não fosse com ela, com toda parcimônia, completou.

—...o senhor gostaria de contar uma história.

—Eu, eu... não sei—, começou balbuciando o Carimbo, mas tampouco pôde concluir, vários "Vai nessa", "o que é isso?", "fala!", encheram-no de ânimo e fizeram com que se decidisse a falar.

—A história que eu quero contar-lhes—, disse finalmente decidido —é uma história que me marcou muito e, parece-me impossível que não deixe profundas marcas em todos vocês.

A Aguiazinha que nasceu antes da hora

Naquele ano a primavera havia sido uma das mais belas das quais se tem notícia. Os anciãos pareciam ser os mais entusiasmados. Acontece que eles viam com profundo alívio como o frio, finalmente, havia resolvido ir embora... "Com uma primavera dessas!" Diziam, enquanto se deliciavam com os espetáculo da natureza, vencendo o cinza do recém acabado inverno. O clima era de festa e todas as famílias, de todos os grupos que habitavam o lugar, iriam participar dos preparativos das festas.

Os mais agitados, vocês compreenderão facilmente, eram os jovens casais que, durante o ano todo, haviam esperado por esse momento. Preparavam-se para as grandes festas de acasalamento. Ninguém parava quieto. Cada qual, à sua maneira, estava desejoso de preparar o grande encontro com o seu parceiro, com sua parceira.

No ninho dos Águia não poderia ser diferente. E, pelo contrário, havia motivos de sobra para que a primavera desse ano fosse algo muito especial. Os Águia haviam batalhado muito antes de ter sua primeira cria. Águias são previdentes e não querem ser surpreendidas pelos acontecimentos. Antes de resolverem aumentar a família, isto é, a ter seu primeiro filhote, certificaram-se de que haviam reunido todas as condições: um ninho confortável, provisões suficientes para garantir sua alimentação, uma fonte de água fresca nas proximidades e... e se eu fosse contar todas os seus preparativos não acabaríamos nunca esta história! Eles haviam, pois, preparado tudo com muito carinho, com muito amor.

Acontece que, apesar de se sentirem totalmente preparados... nada de conseguir botar nenhum ovo! As primaveras se sucediam e eles não conseguiam aumentar a família. Quando o desânimo começava a tomar conta de todos [e vocês não imaginam que coisa mais triste é ver uma águia desanimada!, não queiram nem saber...], quando começavam a desanimar, dizia, foram, finalmente!, diria dona Águia, favorecidos com a chegada de um belíssimo filhotinho, isto é, para dizer a verdade era uma belíssima filhotinha. Vocês não podem avaliar o orgulho e a satisfação do seu Águia e de dona Águia! Eles não cabiam em si de satisfação, eram a família mais feliz de todas as redondezas. Nunca os vôos do seu Águia haviam sido tão espetaculares, ele queria mostrar para todos os bichos do mundo sua alegria, seu orgulho.

Esta primavera, pois, encontrava os Águia muito bem dispostos. Não foi nenhuma surpresa para eles quando dona Águia botou um belo ovo. Ao contrário das vezes anteriores, ela se sentia muito tranqüila e serena. Conforme passavam os dias sua tranqüilidade ia aumentando. Ela era agora uma mãe experiente, e nada podia perturbá-la. A vida transcorria com seus altos e baixos. Onde já se viu vida de águia sem altos e baixos!

Um aziago dia, porém, algo chamou a atenção da dona Águia... o ovo que estava no ninho havia mudado de posição e mostrava uma rachadura de aspecto suspeito.

—Não é possível, pensou dona Águia, ainda falta muito tempo para ele eclodir. Mesmo assim, aproximou-se com o intuito de ver se descobria de que se tratava. Mal havia acabado de examinar o ovo e já seu coração estava doendo terrivelmente... não havia dúvida, o ovo estava eclodindo antes da hora. O que poderia acontecer, o filhotinho ainda não estava preparado para vir ao mundo. Que desespero! Dona Águia deu um grito que foi ouvido a muitos quilômetros do seu ninho. O seu Águia chegou correndo, apavorado, queria saber o que havia feito dona Águia gritar daquela maneira. O coração do seu Águia também foi trespassado por um raio de dor. O que iriam fazer? Mas não havia tempo para reflexões, era preciso agir imediatamente.

A partir daquele momento a vida dos Águia passou a girar em torno dos cuidados do seu novo filhotinho, isto é, mais uma vez tratava-se de uma filhotinha. Não havia tempo para mais nada, qualquer descuido poderia acarretar sérios problemas para a Aguiazinha e, inclusive, provocar a sua morte.

Os Águia estavam arrasados. Como era que isso tinha acontecido? Como vocês sabem, as reações dos Águias são diferentes das reações das Águias. Ele se recusava a acreditar, não era possível que aquilo estivesse acontecendo com ele. E quantas vezes seu Águia não alçou seu vôo para ir muito longe, meditar sobre a situação. Ele se sentia impotente, parecia-lhe que era impossível fazer qualquer coisa para salvar a sua Aguiazinha. Seu vôo, nesses momentos, parecia mostrar seu desejo de rasgar o céu, de vingar-se de tamanha injustiça.

Já dona Águia perguntava-se: "O que é que eu fiz de errado?" Ela se sentia perdida, desamparada. Tudo na sua opinião, com certeza, devia-se a sua incapacidade, ela não era uma boa mãe. E cada vez que olhava para sua frágil Aguiazinha, sua filhinha hesitante entre a vida e a morte, sentia rasgar-se o seu peito, a sua alma.

Afortunadamente para a aguiazinha, tanto a dona Águia quanto o seu Águia fizeram de tudo para protegê-la e para cuidá-la. Eles receberam conselhos de muitos especialistas em aguiazinhas que rompm a casca do ovo antes do tempo. Com muita freqüência seu Águia se impacientava, ele não conseguia entender porque todos falavam de forma tão pouco clara, ele queria saber o que fazer e quais eram os resultados que se poderiam esperar, o resto.... o resto era conversa fiada!

Dona Águia havia tomado uma decisão, e a ela se aferrava: não deixaria de fazer nada que fosse possível e, se se descuidassem, faria até o impossível. Ela não queria saber da impaciência do seu Águia, ninguém a impediria de ir adiante.

E a Aguiazinha? Ah1, a Aguiazinha era espetacular. Qualquer um que a observasse perceberia que ela tinha herdado dos seus pais um desejo de viver muitas vezes maior do que qualquer uma das dificuldades que enfrentava. Ela não escondia o seu sofrimento, mas, sempre que podia, mostrava seu desejo de viver, de vencer.

E tantos foram os cuidados e tanta a vitalidade da Aguiazinha que, finalmente, os Águia começaram a perceber que ela poderia ser uma Águia feliz. Isso fazia com que eles redobrassem os cuidados e as atenções.

O seu Águia, é claro, não havia deixado de lado as suas preocupações: "Será que um dia ela vai ser uma águia como as outras", perguntava-se. A simples idéia de que sua Aguiazinha poderia não ser como as outras águias deixava-o desesperado.

Dona Águia? Ela vivia o mesmo drama, mas ela não mostrava a sua indignação, ela a engolia e ficava remoendo-a por dentro. Quando estava mais preocupada, mais desanimada, dona Águia procurava a companhia de uma velha Coruja que sempre estava disponível quando alguma ave enfrentava uma dificuldade. Conversando com a velha Coruja, dona Águia conseguia jogar para fora um pouco da sua angústia e sempre voltava para o ninho com novos ânimos, com uma energia renovada.

Um belo dia, a família Águia foi ter com a Coruja. Aquele foi um momento muito importante para a Coruja: ela pode ver nos olhinhos da Aguiazinha toda sua vitalidade, todo seu desejo de viver. A partir daquele dia, cada vez que a Coruja encontrava dona Águia sempre lhe perguntava: como está a Aguiazinha? E seu coração se enchia de alegria porque dona Águia sempre tinha uma novidade. Não, dona Águia sempre tinha um tantão de novidades! Ela estava cada vez mais esperta, havia começado a cantar, era cada vez mais linda.

Assim foram se passando os meses, até que um dia, quando a Coruja fazia seu passeio vespertino percebeu uma grande algazarra. "O que é aquilo?" Perguntou-se. Curiosa como era, resolveu dar uma olhada. Qual não seria sua surpresa ao aproximar-se do ninho dos Águia. Havia ali uma enorme concentração de águias de todos os cantos, havia, também, todo tipo de aves. E qual era o motivo dessa algazarra toda? Imaginem... estavam todos reunidos celebrando o aniversário da Aguiazinha. Em um primeiro momento a Coruja não conseguiu compreender nada... Como era que estavam celebrando o aniversário da Aguiazinha e ela não estava presente?! Nessas estava quando, de repente, percebeu que não apenas a Aguiazinha estava na festa como era a bela ave que estava no meio de todas as atenções.

A mudança havia sido incrível, a Coruja não podia imaginar que, em tão pouco tempo, a Aguiazinha mudasse tanto. Isso explicava, é claro, a alegria refletida no rostos do seu Águia e de dona Águia. Eles eram pais orgulhosos dos seus filhotes. Eles haviam conseguido vencer a sensação de derrota dos primeiros momentos. Muitas perguntas ainda persistiam, estavam aninhadas no lugar mais recôndito dos seus corações, mas eles haviam aprendido, com a sua Aguiazinha, que a vontade de viver, a alegria de viver, não depende exclusivamente de que se seja, ou não, uma águia como as outras. Cada águia é diferente e a cada águia corresponde encontrar a sua própria forma de viver. A Aguiazinha tinha lhes ajudado a compreender que o espaço de cada uma das aves pode ser diferente e que, ao final das contas, o que interessa é que cada um saiba preencher esse espaço à sua maneira, que cada um saiba usufruir do seu espaço e ser feliz nele.

Conta a lenda que os Águia continuaram vibrando com cada uma das novas descobertas da Aguiazinha, emocionando-se com cada nova etapa por ela atingida. Seu Águia e dona Águia viveram muito orgulhosos das suas duas filhinhas.

Os ansiosos Binóculos de Madre Pérola

O carimbo conclui seu relato acompanhado por um coro de risos e lágrimas. Todos estavam comovidos pela profunda mensagem da sua história. Tanta era a emoção que parecia que se os deixassem continuar a conversa não teria fim. Foi necessário que os óculos se esgueirassem e saíssem do seu estojinho para dizer:

—Vejam, o dia está amanhecendo, daqui a pouco vão começar a chegar as pessoas, se nos descuidarmos vão irromper no meio da nossa conversa, é hora de fazer silêncio e ouvir as histórias das pessoas.

—É o melhor que poderemos fazer, ponderou a Máquina de Escrever. Não perdemos por esperar, tenho certeza de que daqui a pouco estaremos, novamente, ouvindo outras belas histórias.

Os Binóculos de Madre Pérola, que acreditavam que estava na sua hora de entreter a assembléia com seu relato, ajeitaram-se na estante com um jeito de quem diz: "Não daria para contar mais uma... é que eu conheço uma tão bonita..." Mas diante da iminência do início de uma nova jornada, resolveu esperar pela chegada da noite.

Todos os objetos se recolheram e, adotando sua atitude mais hirática, dispuseram-se a mostrar seu aspecto mais tradicional.

A chegada de uma nova noite parecia anunciar o início de uma nova festa. E, de fato, era uma festa. Em meio de um clima democrático de amor e cooperação, os objetos estavam desfrutando do prazer de compartilhar. Sem ninguém que pretendesse ter algum poder, nem se aproveitar de uma suposta posição hierárquica, a solidariedade que faz crescer fluía livremente.

Lembrando-se da excitação manifesta pelos Binóculos de Madre Pérola na noite precedente, a Máquina de Escrever prontamente se dispôs a oferecer-lhes a palavra.

—Seus olhos chega brilham de interesse, disse-lhes. Se não estou mal lembrada, ontem, os senhores queriam brindar-nos com um belo relato. Querendo, é só tomar a palavra.

Realmente muito satisfeitos os Binóculos de Madre Pérola, apoiando-se na sua elegante haste, tomaram a palavra.

—A história que queremos contar-lhes aconteceu há muitos e muitos anos, na época em que os animais ainda sabiam falar. Ah!, que época aquela. Nesse tempo todos entendiam a língua de todos, não reinava a confusão atual em que nem as pessoas que falam a mesma língua se entendem!

Mas vamos ao relato:

O leão que soube encontrar o centro do mundo

Ele fora o primeiro da ninhada. Seu pai não cabia em si quando o viu pela primeira vez. Vocês hão de convir, não é todos os dias que um leão vê nascer o seu primogênito! Aquele dia, tão especial para ele, transformou-o no mais orgulhoso de todos os animais da selva: os rugidos de satisfação com que anunciou tão magno acontecimento —o nascimento de seu herdeiro— ouviram-se em todos os cantos da floresta.

O Leão estava exultante, —Agora é que todos os bichos vão saber o que é um leão!— dizia, sentindo-se realizado. Como? Poderão perguntar-se vocês... por que só agora os outros bichos da floresta saberiam o que era um leão? Por acaso não era ele um leão? E se isso não bastasse, um grande leão, um dos maiores leões dos quais se tinha notícia? Ah!, para compreenderem o sentimentos do Leão seria preciso que conhecessem sua história. Querem ouvi-la? Então prestem atenção.

Muitos anos antes, quando ele ainda era um belo filhote, o Leão estava em uma roda de grandes leões. Era um dia muito especial para todos, era o dia em que se faziam os grandes torneios de luta. Os mais novos tinham a oportunidade de ver em ação os leões mais experientes, que eles tanto admiravam e, assim, aprender a arte da defesa e do ataque. Como seria a vida de um leão que não fosse um exímio lutador? Terrível!, sem saber defender o seu território, o leão perderia seu prestígio e toda sua capacidade de realizar as tarefas para as quais estava destinado.

Naquele que deveria vir a ser um grande dia para o nosso Leão, aconteceu algo inesperado que o marcaria para toda sua vida. Quando se preparava para entrar na arena e disputar sua luta com um outro filhote, foi surpreendido pelo violento ataque de dois leões, muito maiores do que ele e que, sem dar-lhe nenhuma chance de reação, agrediram-no aleivosamente. O nosso jovem Leão não conseguia entender nada, ele estava naquele lugar para aprender a lutar, para aprender a se defender e, assim, poder fazer respeitar sua condição de leão. O que estava acontecendo? Em vez de ser ajudado e orientado, era covardemente atacado. Ele poderia ter reagido agressivamente? É provável, mas sua tristeza e desolação eram tão grandes que lhe tiraram qualquer ânimo de reação. A partir daquele dia, pois, o Leão fugiu da companhia dos seus semelhantes. Andava triste e arredio. Não gostava de conversar com ninguém. Com ninguém? Não, ele costumava ser visto na companhia de bichos menores, que não o ameaçavam, e com os quais ele ainda podia manter uma postura mais parecida com a de um verdadeiro leão.

Entendem agora o por quê das palavras do Leão quando do nascimento do seu primeiro filhote? Sim, ele seria diferente. Ninguém o machucaria e esse filhote saberia crescer forte e sadio para conquistar o território de um grande leão.

O Leão queria cuidar do seu filhote e acompanhar o seu crescimento mas, infelizmente, isso tampouco fora possível. Naquela época as dificuldades na floresta eram muitas e quando o seu filhote ainda era muito novinho, o Leão teve que separar-se dele, indo morar em uma outra região. Isso, no entanto, nunca fez com ele se esquecesse do seu herdeiro. Toda vez que podia ia visitá-lo. O Leão sempre voltava dessas visitas muito satisfeito, por um lado, e muito triste pelo outro. Os motivos da sua satisfação eram óbvios, ele se orgulhava do desenvolvimento do seu filhote [Cada vez que o via, seu coração se enchia de esperança: "Ele será um verdadeiro Leão, forte e determinado, ninguém nunca vai ousar tentar fazer gato e sapato dele!", dizia. Seu orgulho crescia conforme crescia seu filhote. E sua tristeza? A tristeza era devida a impossibilidade de estar mais perto dele, de acompanhá-lo no seu dia a dia.

Assim passaram-se os anos, até que um dia, enquanto tentava caçar um bicho, o Leão caiu em um grande precipício, ferindo-se mortalmente. Sua tristeza foi, então, muito maior do que todas as suas tristezas anteriores juntas, ele estava morrendo e nunca mais veria seu querido filho, sim, porque aquele pequeno filhote agora havia crescido e estava se preparando para assumir seu verdadeiro lugar entre os animais. No último momento da sua vida, o Leão pôde imaginar como seu querido filho saberia conseguir impor sua presença, como saberia mostrar para todos que ele era um verdadeiro Leão, corajoso e decidido a vencer na vida.

Imaginem como não ficou o Leãozinho quando soube da notícia! Era um golpe duro demais... ele houvera querido correr, morder, estraçalhar, teria feito qualquer coisa para evitar o fim do grande Leão. No começo, ele não queria aceitar a idéia mas, com o passar do tempo, foi compreendendo que a vida continuava e que estava chegando sua vez de ser um verdadeiro Leão.

E sua intenção mais firme era essa. Acontece que as coisas não seriam fáceis para ele. Com o abalo que se tinha abatido sobre as suas cabeças, todos da manada estavam ansiosos, preocupados e temerosos. Cada vez que o Leãozinho se preparava para tomar uma iniciativa, assumir um novo território, aparecia uma leoa sugerindo-lhe ou pedindo-lhe que ficasse quieto, que não saísse do território. Seus desejos de conquista eram imensos, "Nada nem ninguém vão me impedir de realizar minha natureza"!, dizia, "eu sou um leão de verdade e eu vou conseguir conquistar novos territórios." Esses eram seus firmes propósitos e já teria começado a pô-los em prática se não fosse pela sua imensa bondade. Quando se pensava realizando seus sonhos, sempre vinha à sua mente a lembrança de um dos pedidos formulados por alguma das leoas do grupo. "Fique por perto". "Não se afaste muito não." Nesses momentos o Leãozinho vivia uma contradição dolorosa: se fosse realizar seu destino, construir o seu caminho... poderia ferir os sentimentos de algumas das leoas da comunidade, se ouvisse todos os seus pedidos e obedecesse... elas poderiam até não sofrer, mas nunca seria um leão de verdade, um leão realizado. Essa contradição não saía da sua cabeça e atormentava seus dias.

O nosso Leãozinho era visto, muitos vezes, caminhando sozinho, de cabeça baixa. Estava triste? Mais do que estar triste carregava o peso de uma grande angústia. O que fazer? Como resolver essa contradição? Quando voltava para junto dos seus, gostava de escapulir e escalar a colina desde onde se tinha a mais bela vista da região: desde o alto olhava com nostalgia e dizia: "Daqui vou sair e conquistar o mundo!"

Um belo dia em que estava longe da sua comunidade —havia andado muito e estava mergulhado nos seus pensamentos— teve a sensação de que estava sendo observado. Imediatamente parou e começou a procurar quem é que lhe causava essa sensação. Depois de ter escrutado os quatro cantos de onde se encontrava, e sem ter descoberto quem poderia estar observando-o, retomou a marcha. Curiosamente sua sensação não havia desaparecido: "Sim, eu estou sendo observado", falou. Determinado a resolver o enigma, decidiu que procuraria até encontrar. Depois de haver buscado atrás de umas árvores, um pouco mais longe, por trás de umas pedras, resolveu que o melhor que poderia fazer era escalar a montanha que se encontrava a sua esquerda e assim o fez. À medida que escalava ia admirando a paisagem a qual ia se fazendo cada vez mais ampla e bela. E extasiado com a beleza da paisagem foi percebendo que era tomado por uma indescritível sensação de prazer. Quanto mais subia, melhor se sentia.

Nessas estava quando, já quase chegando no topo da montanha, percebeu que havia descoberto aquilo que procurava. Não muito longe dali encontrava-se o ninho de uma grande águia.

—Era a senhora que estava me observando?, perguntou.

—Era sim, respondeu a águia, e não é de hoje que eu te observo...

—Ah!, sim? E por que a senhora me observa?

—Porque pareces muito preocupado e, volta e meia passas perto do meu ninho. Por mais que quisesse, não poderia me impedir de te observar. Não gosto de te ver assim, não pareces um leão!

—A verdade é que mesmo sabendo que sou um Leão... sei que não sou um leão...

—Que não estás te comportando como um leão, queres dizer.

—É isso, não ajo como um leão, pareço um camelo, desses que vivem carregando os outros, levando carga para os outros. Isso não é digno de um leão... mas é porque todo mundo me pede, todo mundo quer que eu...

—Um momento! Não jogues a responsabilidade nos outros, na medida que cresces, tu te tornas responsável pela tua vida, tu decides o que vai ser da tua vida. Os outros podem até pedir, quem decide acabas sendo tu.

—Sim, mas se eu não fizer o que os outros desejam... eles não vão mais gostar de mim.

—Te preocupa tanto assim que gostem de ti? Isso complica as coisas. Porque primeiro terias que gostar de ti e, depois o resto... é o resto. Por esse caminho acabas saindo do teu centro, perdes o teu centro.

—Como assim o meu centro?

—Cada animal nasceu para ser o centro do seu mundo. Quando cede seu próprio centro para alguém... passa a viver na sua própria periferia, nunca pode se sentir bem, tranqüilo, realizado. Olha ao teu redor e verás como estás no centro do mundo. Se não sabes ver o centro do mundo... não sabes ver nada! Para seres um verdadeiro leão terás que recuperar o centro, o teu centro.

O Leão queria continuar a conversa, mas a águia não lhe deu tempo, ela tinha algo importante a fazer. Suas asas já batiam e a levavam longe do ninho. Em poucos segundos ela sulcava os céus. Não era difícil adivinhar nos seus belos e firmes movimentos a satisfação que tinha ao voar.

—Ela está no centro do seu mundo!, murmurou o Leão não sem certa inveja. Virou as costas e começou a descer da montanha. Novamente foi reconfortado pela bela paisagem que se estendia aos seus pés. E mais uma vez foi percorrido por uma forte emoção. À medida que descia ia aumentando a sensação de bem-estar.

A imagem da águia sobrevoando o imenso vale não saía da sua cabeça. Para ela é fácil, pensou, ela é uma águia. Pouco depois o Leão estava voltando para sua rotina. Tudo continuava como dantes? Aqueles que não estavam acompanhando as tribulações da sua alma, poderiam facilmente acreditar que o jovem Leão continuava sendo o mesmo, que ele estava resignado a levar uma vida de... camelo. Ah!, mas isso porque não eram capazes de perceber que dentro do seu peito rugia poderosamente um grande desejo de ser um verdadeiro leão.

A partir do seu encontro com a águia o Leão foi percebendo que a decisão era dele. Ele tinha o direito de decidir-se por uma vida de camelo, sempre perguntando-se "o que será que os outros esperam de mim?" Ele poderia, também, optar por uma vida de leão, fazendo valer seu direito de realizar sua missão.

À medida que o tempo passava ele percebia que para a águia era tão difícil quanto para ele, porque uma águia procura o seu centro de águia, ele teria que se apropriar do seu centro de leão. Era isso, a tarefa não era fácil nem difícil, era simplesmente a tarefa e na sua realização estava seu prêmio.

O Leão decidiu que deveria continuar conversando com a sua amiga a águia, isso lhe fazia bem. Muitas foram as vezes em que o Leão foi visto escalando a montanha para ir ter com sua amiga. Suas conversas eram enriquecedoras para ambos.

Quando chegava de volta á sua toca, o Leão percebia que continuava conservando a agradável sensação que sempre tinha quando descia da montanha. Ao perguntar-se o que seria, ouviu uma voz interna que lhe dizia: "Nada demais, tu és um verdadeiro leão e estás no centro do teu mundo."

Conta a lenda que, a partir daquele dia, cada vez que o Leão se sentia triste e abatido, perguntava-se: "Estou no centro do meu mundo?" Como podem imaginar, a resposta estava longe de ser negativa: claro que quando estava triste e abatido era porque havia cedido o seu centro, encontrava na sua própria periferia. Fazendo um esforço leonino voltava a recolocar-se no seu centro e, assim, voltava sua sensação de bem-estar, de tranqüilidade.

Quem o conheceu, afirma que quando adulto foi um verdadeiro leão. Nem sua sensibilidade, nem sua capacidade afetiva, impediram-no de ser um grande e forte leão.

O Aladim e as histórias orientais

Poderia esperar-se que à medida que as histórias iam se sucedendo diminuísse o entusiasmo da platéia. O que de fato acontecia? O entusiasmo em vez de diminuir, aumentava. Não faltaram cumprimentos aos Binóculos de Madre Pérola pelo seu relato. Mas imediatamente a atenção de todos estava voltada para a seguinte pergunta: De quem seria agora a vez?

—Vocês gostam de histórias orientais, disse com uma voz quase apagada o Aladim.

Isso fez com que todo mundo virasse e olhasse para ele. Isso fez com que ele ficasse um pouco mais iluminado e, desta vez, sua voz saísse um pouco mais clara e firme.

—É porque eu conheço uma bela história oriental, e acho que se me deixarem contá-la, será do agrado de todo mundo.

—Eu acredito que se ninguém fizer outra sugestão, podemos passar a palavra ao senhor, tenho certeza que iremos nos deliciar com sua história.

Como ninguém tinha objeções e, pelo contrário, sua curiosidade havia sido aguçada pela oferta, o Aladim tomou a palavra. Esticando seu longo pescoço e aclarando a voz disse:

—A história que vou lhes narrar aconteceu no longínquo Oriente, muitos, mas muitos anos atrás...

A princesa, a Tenda das palavras e os três tapetes mágicos

Era uma vez, em um reino muito distante, uma princesa muito meiga que se sentia completamente perdida. Ela, que sempre havia sido tão tranqüila, sentia que não poderia nunca mais ter sossego. Tudo começou em uma noite em que sonhou com uma grande cobra que lhe fez sentir um profundo medo. Quando acordou respirou aliviada, deu-se conta de que tudo não passava de um pesadelo. Mas sua satisfação não durou por muito tempo. Imediatamente percebeu que não tinha motivos para se sentir em paz: tinha a impressão de que a cobra continuava ali, que não havia abandonado o seu quarto. Bastava com que fechasse os olhos para que percebesse, com toda nitidez, a presença da ameaçadora cobra. A partir desse dia, aonde quer que ela fosse, era acompanhada pela sensação de que a cobra a perseguia.

Algum tempo depois, quando sentia que estava no fundo do seu desespero, resolveu fazer uma longa viagem. Pressentia que durante essa viagem poderia encontrar a respostas à sua angústia: o que queria aquela cobra? Porque não lhe dava sossego? Algum dia iria ver-se livre dela?

Estimulada pelo seu desejo de libertação, apressou os preparativos. Estava decidida, partiria com o raiar do sol no novo dia. Essa noite não conseguiu dormir, tinha que deixar tudo pronto e nada podia ficar para depois. Quando o sol pintou o céu com as suas cores matinais ela acabava de adormecer.

A nossa princesa iniciou sua caminhada consultando sua bússola. Uma vez que esta havia lhe apontado a direção a seguir, dirigiu-se rumo ao desconhecido. Muitas jornadas transcorreram sem que ela encontrasse nenhum indício de que estava no caminho certo. Aquilo que via ou ouvia não lhe era útil na sua busca. Viu gente, atravessou povoados, mas não conseguia ver nenhum sinal alvissareiro. E, não fosse sua determinação, em várias ocasiões teria ouvido o conselho de suas pernas que lhe pediam para parar e, porque não, para voltar sobre os seus passos. Mas, como poderia voltar sem antes encontrar uma resposta para as suas inquietações? Voltar para a vida que estava levando? "De maneira alguma!" dizia, e redobrava a marcha.

Não muito tempo depois, sua persistência foi, finalmente, recompensada. Quando estava se preparando para procurar um pouso para aquela noite, avistou, ao longe, uma tenda plantada no meio do nada. "É lá que vou ficar esta noite", pensou. Fortalecida pela idéia, nem sequer se deu conta do caminho que lhe restava por percorrer, e quando menos esperava, estava na porta da tenda.

Era uma tenda muito bonita, com um aspecto acolhedor. Na sua entrada estava escrita a seguinte frase: **Tenda das palavras**. O que poderia significar aquilo? Ela não podia saber, é claro, mas de qualquer forma achou o nome bonito e sugestivo. Entrou e, como se estivesse na sua própria residência, procurou um canto para se acomodar. Sentou-se em um tapete de finos bordados e belas cores. Decidida a esperar o tempo que fosse necessário, começou a rever sua vida. A primeira imagem que se apresentou foi a da cobra que novamente fazia sentir sua presença. A princesa viu a imagem da cobra e, a seguir, a sucessão das letras que compunham a palavra:

C O B R A

Imediatamente depois de tê-las visualizado, as letras que dançavam na sua frente caíram no chão. A princesa aproximou-se delas e começou a brincar juntando-as. Sua primeira reação foi de surpresa: "Quantas palavras cabem em uma só palavra!", exclamou! A cada uma das palavras que formava, surgia uma nova possibilidade. Primeiro utilizou todas as letras da palavra e sua primeira reação foi tentar descobrir o que cada uma delas lhe sugeria:

Barco = Desconhecido,

Animada pela descoberta, resolveu embarcar na brincadeira e buscar as outras palavras que caberiam em cobra, assim foi escrevendo as palavras e as letras que sobravam:

Arco (b) = Desenho, estética; **Arco** (b) = Responsabilizo-me, assumo; **Rabo** (c) = Animal, instinto; **Orca** (b) = Beleza; **Obra** (c) = Construção, início; **Caro** (b) = Acesso; **Cora** (b) = Timidez; **Abro** (c) = Facilidade; **Aro** (cb) = Prisão; **Ora** (cb) = Espiritualidade; **Bar** (co) = Diversão, sempre; **Ar** (cob) = Falta de...; **Boca** (r) = Necessidade

Que coisa maravilhosa estava acontecendo diante dos seus olhos, a cobra dos seus pesadelos parecia transformar-se em uma cobra dos sonhos! Quantas mensagens dirigidas para ela, sentia que não tinha razão para ter medo, pelo contrário, tinha que ir atrás dessa cobra que lhe falava de algumas das sua preocupações mais essenciais.

Nessas estava, quando as palavras que havia juntado no chão começaram a realizar pequenos movimentos ondulantes até que, finalmente, foram organizando-se de uma forma inesperada: ficaram, entre as palavras espaços que pareciam sugerir novas palavras e, por conseguinte, a construção de uma mensagem.

Qual poderia ser o significado de tudo aquilo. Entre curiosa e assustada percebeu que, nos espaços vazios, iam se formando novas palavras que tinham um sentido... À medida que decifrava a mensagem, seu coração enchia-se de emoção e o nível da água subia marejando os seus olhinhos.

Sair da prisão e acabar com a falta de ar.
Embarcar, e partir para o desconhecido.
Construir um destino.
Reconhecer a necessidade de, pela própria vida,
assumir a responsabilidade.
Vencer a timidez, mesmo que custe caro.
Reconhecer sua beleza.
Seguir a força do seu instinto e amar a vida.
Saber, divertida, ver sempre nela,
o lado positivo.

Quando terminou de ler a princesa sentiu-se invadida por um sentimento maravilhoso e disse:

—Essa mensagem estava guardada dentro de mim!, e eu tinha medo de cobra! Não é possível que tenha podido ser tão ingênua. Nem bem acabava de pronunciar a última palavra, quando percebeu que, do outro lado da tenda, havia um homem observando-a em silêncio.

—Muito bem!, disse-lhe. Só as pessoas realmente cobras na arte da adivinhação são capazes de uma façanha como a tua... Sabes, as palavras têm vida e quando decidimos ouvi-las da forma que tu acabas de fazer, conseguimos que elas nos mostrem suas mensagens mais ocultas e mais poderosas.

—Eu sou cobra!

—Sim, só alguém cobra poderia conseguir, em tão pouco tempo, e com tanta facilidade, chegar até o conteúdo secreto da sua mensagem pessoal. Tu decifraste tua mensagem. Tinhas a opção: seres cobra ou viver, incessantemente, sentindo-te *cobra-da*. Agora sabes, sem te *cobra-res* podes viver livre e sendo cobra.

A princesa não saía do seu assombro, quantas coisas reveladas em tão pouco tempo! E por falar em tempo, ela sentiu que era chegada a hora de descansar, seus olhinhos estavam quase fechando. Mas antes mesmo de que se pudessem fechar transportando-a ao mundo dos sonhos, o homem da tenda das palavras disse-lhe:

—Quero que ao saíres daqui leves, como lembrança dos bons momentos que passaste nesta tenda das palavras, estes dois tapetes, mais esse no qual estás sentada. Com ele poderás, as vezes que assim o desejares, visitar três grutas, em cada uma delas poderás continuar tua busca.

A princesa estava quase caindo no sono e mal conseguiu ouvir o final da conversa do homem, apenas agradeceu com um suave sorriso e dormiu profundamente.

Quando despertou, o sol já ia bem alto, as areias do deserto já estavam quentes. Depois de espreguiçar-se com muito gosto, começou a reparar na tenda na qual estava. Era ali que ela tinha parado o dia anterior, podia reconhecê-la perfeitamente, suas dimensões eram as mesmas. Mas, de certa maneira, ela poderia jurar que não era a mesma. Impulsionada pela sua curiosidade, deu um pulo e foi procurar pela inscrição que vira na véspera quando chegara... que inscrição? Nada havia na entrada que lembrasse o rótulo que ela havia claramente visto e lido no dia anterior: **Tenda das palavras**. Teve, então, a idéia de procurar pelo homem com quem havia conversado. Lembrando-se que nem seu nome sabia, foi correndo para os fundos da tenda na esperança de encontrar uma saída que desse para uma outra onde, finalmente, poderia encontrar o homem e pedir-lhe as explicações que procurava. Encontrar o homem? Que nada! Ao sair da tenda pelos fundos, ela encontrou a imensidade do deserto, nada que indicasse a presença de ninguém, apenas o belo oásis que enfeitava a paisagem e garantia a sobrevivência dos viajantes.

Será que foi apenas um sonho? Perguntou-se, subitamente. Nesse instante lembrou-se dos tapetes que havia recebido do homem. Correu novamente para dentro da tenda e ficou mais impressionada ainda... aí estavam os três, tal qual os havia utilizado na noite precedente para dormir!

Foi nesse momento que a princesa percebeu que aquela tenda nada mais era que um desses refúgios levantados para que os viajantes que atravessam o deserto, possam pernoitar com um certo conforto, talvez nunca tivesse funcionado ali nenhuma **Tenda das palavras**... mas como explicar, então, o seu belo presente, os seus tapetes? Como explicar, também, a descoberta da mensagem e a conversa com o homem? Decidindo que não conseguiria responder a todas essas perguntas, a princesa resolveu que teria de comer alguma coisa e preparar-se para voltar. Apesar de não ter andado tanto quanto supunha que o faria no momento em que deixou sua residência, sabia, havia ido muito longe e podia, sem nenhuma sombra de dúvida, voltar.

Quando estava de volta para sua casa, ela quis colocar os seus queridos tapetes em um lugar em que pudesse apreciar sua beleza e sentar neles como havia feito na tenda (das palavras, dizia ela mentalmente, porque para ela aquela sempre seria a sua Tenda das palavras, sem se importar se para as outras pessoas era apenas um abrigo como qualquer outro.)

Algum tempo depois, ao entrar na sua habitação lembrou-se dos seus belos tapetes, tirou-os de onde os havia guardado e dispondo-os em forma de semicírculo, resolveu sentar-se em cima de um deles. Qual não seria sua surpresa quando, ao fechar os seus olhos, sentiu-se transportada para uma dimensão diferente. Onde era que estava? Era um lugar cheio de construções e de pessoas que admiravam a extraordinária beleza das mesmas. Cada uma fazia questão de falar de um aspecto diferente daquelas construções: uns falavam simplesmente da sua beleza; outros insistiam na funcionalidade; outros no seu preço; não faltava quem quisesse que uma mesma construção pudesse satisfazer às diversas necessidades e deixar contentes até os mais exigentes. A princesa perguntou-se se seria aceita nos diversos círculos e, vencendo sua timidez original, foi se aproximando. Em poucos instantes estava integrada, havia encontrado um lugar onde podia, com toda liberdade, expor suas dúvidas e questões relativas àquela maravilhosa profissão. Ah!, sim, porque ela, vocês não sabem, ela iria saber, um dia, realizar grandes e belos projetos arquitetônicos.

A princesa estava feliz com as possibilidades de seu tapete mágico. Mas, apesar da sua satisfação queria com todas as forças da sua alma, descobrir se os outros dois tapetes também eram mágicos. Quando amanheceu, ela conservava a alegria da noite precedente e passou um dia muito animado mas, no fundo, queria muito que chegasse a noite para experimentar o segundo tapete.

Chegada a segunda noite, instalou-se no segundo tapete e, sem demora, fechou seus olhos. Pouco tempo depois partia para uma nova viagem. Qual será desta vez o destino?, perguntava-se. Não teve que esperar por muito tempo, e em poucos instantes estava chegando a um lugar em que as pessoas estavam interessadas em descobrir a beleza dos seus sentimentos, os recursos do seu coração. Era muito simples, bastava que se desejasse abrir o coração para que fossem brotando novas emoções, novos afetos. Tratava-se, apenas, de saber acolhê-los e cultivá-los. Cada vez que as pessoas viajavam para esse território mágico, faziam crescer sua capacidade de amar-se, sua capacidade de amar. A princesa amou aquele lugar. Nele sentia-se bem, aos poucos ia descobrindo como ela mesma colocava os obstáculos para sua realização afetiva. Quantos mais véus retirava, maior era sua felicidade. "Eu voltarei muitas vezes aqui", disse.

Quando, no dia seguinte, olhou para o terceiro tapete, pensou: "Qual será o teu segredo? Tenho muita vontade de viajar contigo, mas saberei esperar o momento oportuno." A partir daquele dia a princesa ia e vinha nos seus dois primeiros tapetes mágicos usufruindo das suas virtudes. Assim passava-se o tempo até que um belo dia, em que estava com muitas coisas na cabeça, ela resolveu embarcar no último tapete mágico. Qual foi desta vez a sua viagem? Imaginem, ela se viu transportada para um mundo em que a respostas não são o mais importante, um mundo em que o importante era saber se fazer perguntas: a maior delas era "Qual é o sentido da vida?" As pessoas que nele circulavam sentiam um prazer imenso ao se debaterem com suas perguntas pessoais, as perguntas transcendentais, as perguntas sobre a vida e a morte. Nesse mundo não havia pergunta insignificante, todas mereciam uma atenção. Nesse mundo não havia respostas definitivas, havia apenas respostas que sugeriam novas perguntas, que suscitavam novas aventuras. Era o mundo da filosofia.

Conta a lenda que, a partir daquele dia, sempre que a nossa bela princesa sentia alguma questão roendo a sua alma ela, prontamente desdobrava um dos seus tapetes e lançava-se para um dos três mundos mágicos nos quais encontrava eco para suas buscas.

Aqueles que a conheceram afirmam que ela soube realizar seus magníficos projetos e encontrar o caminho do amor compartilhado.

Monsieur Lorgnon viaja para muito longe...

A emoção reinante na sala estava no seu ponto máximo. Mais uma vez algumas lágrimas e muitos sorrisos falavam por si sós do efeito produzido pelo relato do Aladim. Ele, porque não dizê-lo, estava radiante, a tal ponto que parecia que era sua própria luz que iluminava até o último canto da sala.

—Depois de uma bela história dessas quem é que vai querer falar!, disse timidamente a Ânfora. Eu estou tão emocionada!

—Fico satisfeita que vocês tenham gostado. Porque, para mim, foi um grande prazer compartilhá-la com todos aqui. Mas, por outro lado, não tenho a menor dúvida de que quem for se propor para nos enriquecer com seu relato, saberá, também, tocar os nossos corações.

—Eu creio, disse a Máquina de escrever, que estaria na hora de escolher o próximo narrador, a noite já vai alta e não devemos esquecer que, cedo pela manhã, teremos que deixar a sala como se, durante a noite, nada houvesse acontecido. Já só temos tempo para mais uma história hoje à noite...

Enquanto a Máquina de Escrever fazia suas ponderações, o Lorgnon estava que olhava discretamente de um lado para outro, erguendo-se com ajuda da sua bela haste. Para quem prestasse atenção à sua atitude, seria evidente que ele estava querendo ser o próximo a fazer uso da palavra.

Atenta e solícita, como sempre, a Máquina de Escrever, falou para o Lorgnon:

—Algo me disse que o senhor gostaria de deleitar-nos com uma história...

—Eu?... Ah!, sim. Estava aqui lembrando de uma bela e comovente história, na qual se misturam a dor e a confusão provocadas pela fatalidade, com a sensibilidade necessária para enxergar e encontrar novos caminhos e propostas. Se todo mundo concorda, não me restaria mais que lhes propor uma viagem. Iremos até os verdejantes bosques de um país muito distante, para encontrarmos...

Os Urso, a lua cheia e a primavera

Os Urso constituíam uma família de valentes lutadores. Quem ousaria falar o contrário? Desde o dia em que o demarcou, o grande Urso sempre esteve disposto a defender o seu território. Não havia urso, por forte que fosse, que quisesse testar a determinação do grande Urso, ninguém se aproximava da família sem o seu consentimento. As matilhas que tentaram desafiá-lo, sentiram o peso da sua garra e acabaram pagando caro pela ousadia. Dentro do seu território havia regras e elas deviam ser respeitadas.

Batalhas? O grande Urso enfrentou muitas. De quantas ele não saíra ferido! Sua atitude, sempre corajosa, era uma das suas marcas distintivas. E dona Úrsula, ela não se preocupava? Claro que se preocupava, e muito! Por acaso os bosques por onde o grande Urso tinha que caçar para trazer o sustento da família estavam isentos de perigos!? Longe disso, e ela sabia muito bem. Ela confiava nele, porque, não por ser valente era menos prudente. "Ele não é de procurar confusão... Se o perigo pode ser evitado, ele não terá dúvida, fará o possível por evitá-lo", pensava. Mas nem por isso pode se dizer que dona Úrsula tivesse uma vida de todo sossegada. Cada vez que via seu grande Urso preparando-se para una nova caçada, seu coração ficava apertadinho. Ela sabia que ele precisava caçar, precisava pescar e nunca tentou fazê-lo desistir de uma saída. Mas claro que só recuperava sua tranqüilidade quando ouvia, ao longe, o ruído dos seus passos quebrando os pequenos galhos secos que se atravessavam no seu caminho. Esse ruído era para ela música nos seus ouvidos. Imediatamente corria para entrada da gruta para recebê-lo. Vê-lo retornar, são e salvo, era sua maior alegria.

Dona Úrsula também circulava pelo bosque, fazia suas incursões à procura daquele saboroso mel que os seus dois filhotes tanto amavam e que nunca podia faltar na sua gruta. Quando empreendia caminhadas que a afastavam do lar, dona Úrsula descobria-se lembrando dos maravilhosos momentos em que ele começara a aproximar-se dela. Parecia que estava vivendo, no instante mesmo em que recordava, as mesmas emoções que fizeram estremecer seu coração... Aquele grande Urso desassossegado, que mais parecia estar bravo... Mas não, era sua maneira ursa de fazer a corte, ele não sabia como mostrar para dona Úrsula que ele a amava. Nem poderiam imaginar o quanto não se estremeceu dona Úrsula ao descobrir que... ela também o amava! E desde aquele dia nunca mais se separariam.

Outras das grandes alegrias da dona Úrsula era ver o grande Urso brincando com os dois filhotes. Seus olhos enchiam-se de lágrimas quando via o pequeno Ursinho tentando seguir os passos do grande Urso. E ele seguia os seus passos, é claro. Um dia seria como seu pai, um urso corajoso, um grande caçador capaz de defender seu território. Ah!, como dona Úrsula era feliz!

Assim iam as coisas na família Urso até que em um aziago dia, depois de ter-se despedido dele, na entrada da gruta, vendo-o partir para uma caçada, dona Úrsula sentiu um aperto no coração, algo lhe dizia que ele não estava bem, não era seu grande Urso ao qual ela estava habituada. Enquanto a caçada não terminasse, ela não recuperaria sua tranqüilidade.

Nessa ocasião a espera foi ainda mais angustiante. A cabeça de dona Úrsula ficava cheia e só era capaz de imaginar os perigos que ele estaria correndo. E o coração? Um nó só! Como vocês sabem, coração de ursa dificilmente se engana. Pouco tempo depois veio a nefasta notícia: o grande Urso havia sofrido um grave ataque de uma furiosa matilha. Seus ferimentos eram graves, temia-se por sua vida.

Já imaginaram como ficou dona Úrsula? Faltou ficar doida! Desde que soube da infausta notícia, seu único propósito foi correr para o lado do seu querido Urso. Ele precisava saber que ela estava de seu lado, que ela lhe daria forças para se refazer e voltar a ser o grande Urso de sempre. E foi isso que dona Úrsula fez, correu para seu lado e não teve descanso até ver que os ferimentos começavam a sarar e que a vida retomava seu rumo.

Foram momentos muito difíceis, mas em nenhum momento dona Úrsula teve a menor hesitação, ela sabia que, a força reunida dos dois os faria recompor-se e vencer a dificuldade. Quando o grande Urso começou a retomar a sua rotina, a aventurar-se no rio para pescar, já estava demonstrando que o ataque sofrido havia sido superado, que ele havia recuperado sua força e sua vontade. Em pouco tempo tudo voltava ao normal e quem andasse por aquelas paragens poderia ver aquele grande caçador vivendo, usufruindo da vida.

Quis a má fortuna que no momento em que o grande Urso se sentia mais confiante, quando as condições da caça pareciam as melhores, os bosques onde ele caçava foram assolados por uma terrível seca que dizimou a caça. Cada dia se tornava mais difícil para ele conseguir o sustento para a família. Cada dia eram maiores as distâncias que ele tinha que percorrer para poder voltar com o prezado alimento para os seus. A dona Úrsula percebia a preocupação nos olhos do grande Urso e tentava mostrar-lhe que assim como haviam superado outras situações difíceis, também saberiam superar a situação presente.

Foi de uma dessas saídas para longe que o grande Urso voltou ferido, gravemente ferido. Quando dona Úrsula viu que ele voltava com um andar hesitante, levou um terrível susto, abandonou o que estava fazendo e correu para socorrê-lo. O grande Urso não gostava de que ninguém o visse aparentando fraqueza, ele era um grande Urso e não um bichinho qualquer!, assim, logo foi tentando tranqüilizar dona Úrsula. "Não há de ser nada", dizia, "é um ferimento como já tive muitos outros. Deixa estar que logo passa." Dona Úrsula estava intranqüila, sabia da determinação do seu Urso, mas para ela aquele ferimento era muito feio, poderia acarretar problemas mais sérios.

Naquela noite a lua estava no apogeu da sua beleza e banhava os bosques com sua luz prateada. Mas para dona Úrsula essa fora a noite mais negra da sua vida e a luz da lua de nada lhe servia. Os ursinhos, do seu lado, não pareciam ter sossego, seus pequenos corações, parece, adivinhavam o que estava acontecendo. Seu sofrimento era evidente e, à sua maneira, participavam da tragédia.

O grande Urso insistia na sua determinação e, caladamente, lutava contra suas feridas. Ele faria qualquer coisa para ignorar que estava ferido de morte. Mas, para infelicidade de todos, essa era a terrível realidade. E de nada valeram as tentativas de dona Úrsula no sentido de que se tomassem outras providências. Ele permaneceu firme na sua posição: não queria fazer nada para aliviar seus ferimentos.

O final daquela longa noite de lua cheia foi marcado pelo lamento dolorido da família dos Urso... a grande tragédia havia realmente acontecido, o grande Urso partira para sua última viagem. Todos ficaram terrivelmente abalados. Dona Úrsula não sabia mais o que fazer. Se por um lado sua vontade era de ficar lambendo suas próprias feridas, por outro as suas duas crias exigiam sua presença determinada e as demonstrações da sua força.. Em um primeiro momento, faltou-lhe tempo e ânimo para pensar nela própria, tinha os seus filhotes para criar, para cuidar, e, agora, eles dependiam exclusivamente dela para sua sobrevivência. E isso foi o que dona Úrsula fez, dedicar-se integralmente aos cuidados dos filhos.

Com o passar do tempo, dona Úrsula descobriu que, com uma certa freqüência, cada vez que a lua ficava tão gorda e luminosa quanto naquela triste noite, via a imagem do seu grande Urso. Algumas vezes ela sentia uma poderosa raiva, era como se do fundo da sua alma ela pudesse dizer-lhe: "Você não tinha direito de se deixar vencer, tinha que lutar, eu estava do seu lado, juntos, como tantas outras vezes, conseguiríamos sair vitoriosos." Outras muitas vezes, a lembrança do seu grande Urso sugeria-lhe outro tipo de declaração: "Eu lhe compreendo, você nunca iria aceitar viver uma vida pela metade, sem sua força total nunca mais teria sido o mesmo, eu lhe compreendo."

E os filhotes? Ah!, dona Úrsula enfrentou um sério problema com o Ursinho. Ele, além de ficar inconsolável, passou a ter um comportamento estranho. Parecia desgostoso da vida e, com freqüência tornava-se agressivo. Parecia como se toda a força do grande Urso tivesse sido concentrada no seu corpinho. Sempre que algo não acontecia segundo seus desejos, ele grunhia e tentava acertar quem estivesse ao seu alcance. E o alvo preferido da sua fúria era dona Úrsula, que não sabia mais o que fazer. Como era possível que além de todo seu sofrimento ela ainda tivesse que passar por una situação dessas? "Onde é que eu estou errando?" Perguntava-se. Porque, vocês sabem, as ursas quando as coisas se complicam sempre acham que são elas que estão erradas.

Errada dona Úrsula? Logo ela que fazia de tudo para que nada faltasse aos seus filhotes? Mas, se não estava errada, por que era que o Ursinho insistia nesse comportamento? O que era que ela poderia fazer para que o Ursinho não agisse de forma tão descontrolada? Para que as coisas voltassem à normalidade?

Essa era a grande preocupação de dona Úrsula no momento em que iniciara uma caçada que a levaria para longe do seus bosques e riachos habituais. Durante essa caçada dona Úrsula refletiu muito e, na volta, quando pernoitava em uma grande caverna, teve um sonho. No seu sonho ela encontrava um urso que, segundo as lendas, possuía uma grande sabedoria. Quando se viu na sua frente, dona Úrsula imediatamente quis abrir o seu coração e falar-lhe das suas dificuldades, dos seus temores e... dos seus erros. Depois de sentir como ele a tranqüilizava com seus modos suaves e sua falta de pressa, dona Úrsula ouviu as seguintes palavras: "Porque é que o Ursinho está agindo dessa forma? Ele pode estar sentindo que é a ele que cabe ser o chefe dessa família... e, em conseqüência precisa mostrar sua força, seu poder. O problema é que nem cabe a ele essa tarefa nem ele tem força suficiente para executá-la. O Ursinho pode estar tentando, à sua maneira, introduzir uma ordem no meio da canfusão. Ele apenas necessitará perceber, sentir que não está só, que sua mãe é forte e é ela quem é chefe dessa família. Ele deve sentir que não lhe cabe nenhuma tarefa a não ser a de ser um Ursinho que deve apreender, da melhor maneira possível, a arte de ser um urso, para, assim, poder um dia ser um grande Urso."

No meio do seu sonho, dona Úrsula dizia: "Mas como?, se ele não tem mais pai?" E mais uma vez a voz ecoou no seu sonho: "Como ele não tem um pai?! Claro que tem, sim. E não apenas um pai, como um grande pai. Todas as aventuras que viveram juntos estão gravadas no seu espírito e cada um dos seus passos está marcado pela sua convivência. Ele tem um pai que mora no seu coração e que nunca o abandonou nem o abandonará. O Ursinho deve saber que, por isso, um dia ele poderá ser como seu próprio pai, um grande Urso."

Ao despertar no dia seguinte, dona Úrsula tinha uma clara lembrança do seu sonho, para ela tão real que sentia como se realmente houvesse falado com o urso do seu sonho. Quando se dispunha a sair da caverna na qual havia passado a noite, apercebeu-se de que lá fora algo havia mudado. Era como se ela estivesse saindo de um longo inverno, e, subitamente percebeu que a primavera já havia pintado os campos com suas melhores cores, distribuído suas mais belas flores e pedido aos pássaros para entoarem suas mais suaves melodias.

Conforme voltava para casa dona Úrsula sentia que aumentava dentro do seu peito um novo sentimento. Tinha pressa, queria consumir distâncias para estar logo perto dos seus filhotes. Sabia que com ela eles estavam protegidos, que nada lhes faltaria. Queria encurtar o tempo para que eles pudessem sentir toda sua força, toda sua energia. Enquanto caminhava, dona Úrsula ouviu se formar na sua alma uma vozinha que cantarolava: *"tu fazes com os teus filhotes... o que a primavera faz com as flores"*. Dona Úrsula foi sacudida por uma profunda emoção, ela poderia até ter cometido muitos erros, mas era a melhor mãe que eles poderiam ter. Sim, amando-os e educando-os, ela fazia com seus filhotes o que a primavera fazia com as flores!

Quando os ursinhos se encontraram novamente com a mãe... vocês imaginam quanta algazarra, e quanta alegria! A partir daquele dia tudo foi diferente na gruta. Pouco tempo depois dona Úrsula pode sentir que o Ursinho havia compreendido que ele era filhote e que não tinha que ser responsável por nada, que ele era protegido por sua mãe e que não precisava mostrar que era um urso bravo e autoritário.

A família dos Urso saiu naquela primavera de um longo inverno. A vida tornou a ter as cores de sempre. A lembrança do grande Urso nunca se apagou e nem deixou de acompanhá-los em todas suas aventuras. Os Urso compreenderam que o grande Urso só morreria realmente quando todos eles, que o haviam amado, e que o guardavam nos seus corações viessem, também, a morrer.

Conta a lenda que os Urso souberam viver uma vida de Ursos e quem os conheceu afirma que realmente sabiam usufruir da vida.

Sensibilidade... assunto para a Máquina Fotográfica

O Lorgnon conclui seu relato muito emocionado. Ele havia conseguido que a primavera pintasse seus mais belos sorrisos em todos os objetos. Eles pareciam haver emergido de uma longa e pesada escuridão, tal a parcimônia com que se olhavam uns aos outros e o cuidado com que pareciam estar examinando a vida.

—Você nos trouxe uma lição de vida, disse a Balança. Meu sentimento é de reconciliação com a vida.

—Uma mensagem de amor!, agregaram os Óculos, mais uma prova de como o amor é a fonte onde se podem curar todos os males.

—Eu creio que pela nossa simples expressão, monsieur Lorgnon pode perceber o quanto mexeu conosco. Muito obrigado pela sua história.

A máquina de Escrever ia continuar falando mas o clima era de agitação... muitos dos objetos estavam desejosos de ouvir a Máquina Fotográfica, conhecida pela sua sensibilidade. Ela, claro, seria incapaz de insinuar-se. Apesar de saber que deliciaria o grupo com seu relato, só falaria se convidada.

E foi exatamente isso que aconteceu. A Balança foi a primeira a sugerir:

—Porque não damos a palavra à máquina fotográfica?

Sua intervenção foi seguida de várias outras, todas insistindo na mesma proposta: a Máquina fotográfica deveria falar, era sua vez.

Muito timidamente, e em um tom de voz aveludado, disse:

—Agradeço a proposta, esforçar-me-ei para trazer-lhes uma história que esteja à altura daquelas já contadas e, tenho certeza, das que estão por vir.

—Então, a senhora vai ficar com a palavra, Dona Máquina Fotográfica, pontuou a Máquina de Escrever. Mas, correndo o risco de parecer uma reles desmancha prazeres, tenho mais uma vez que desempenhar a parte mais desagradável do meu papel... como comentávamos antes das belas palavras de Monseiur le Lorgnon, infelizmente, está na hora de nos recolhermos. Para termos o inegável prazer de ouvir dona Máquina Fotográfica, teremos que aguardar pela chegada de uma outra noite. Está chegando nossa hora de ficarmos quietinhos e assumirmos nosso aspecto mais inanimado possível.

Dando mostras das sua compreensão, a Máquina Fotográfica, aquiesceu e, a partir desse momento, a sala retomou seu aspecto tranqüilo e aprazível, que em nada lembrava a animada noite que acabava de baixar a sua cortina.

Como já estava se tornando um hábito, foi com dificuldade que os objetos conseguiram aquela noite não apressar a saída do último cliente. A noite havia chegado com a promessa de novas histórias. Todo mundo queria acomodar-se para mais uma sessão de contos e narrativas. Ouviramse alguns bocejos ao mesmo tempo que os mais afoitos tentavam apressar o momento do reinício.

—Ontem mal tivemos tempo para decidir que hoje seria sua vez, não é dona Máquina Fotográfica, disse pausadamente a Máquina de Escrever. A esta hora a senhora dever estar mais do que animada, só pensando na hora de começar. Pois bem, creio que todo mundo está pronto, a hora é chegada...

—Eu já vi muita coisa na vida, vocês sabem, nem sempre a gente pode escolher aquilo que vê, ou aquilo que vive. Por isso mesmo é preciso que cada qual saiba reconhecer os seus limites e, dependendo das circunstâncias, opte por se proteger, de tal sorte que não sofra de mais da conta, como dizem por aqui. Há pessoas que têm muita sensibilidade e não sabem administra-la, motivo pelo qual andam sempre levando a pior.

Bem, mas chega de papo, vou contar-lhes a minha história. E vou procurar, como fizeram os binóculos de Madre Pérola, uma de origem felina, e vou narrar as aventuras da família Puma.

A Puminha que queria muito ajudar sua mãe

Era uma vez uma bela jovem Puma... Isso soa a redundância, vocês me dirão, se for puma, necessariamente tem de ser bela... mas, a verdade é que essa jovem tinha uma beleza especial que a diferenciava, inclusive, de todas as outras fêmeas do grupo. Sua beleza preocupava muito a senhora Puma. Beleza não deveria preocupar ninguém? Vocês que pensam! A senhora Puma tinha muito medo que sua filha encantasse, com muita facilidade, os jovens pumas da sua idade e, como conseqüência disso, pudesse decidir por uma vida de adulta antes da hora.

Mas a nossa bela e jovem Puma nada queria saber dos receios e preocupações da senhora Puma. Ela sabia o que queria e, além do mais, "eu tenho cabeça para decidir o que faço da minha vida!", dizia. E, como ela não era de dizer uma coisa e acabar fazendo outra, assim o fez. Quando menos a senhora Puma o esperava, lá estava a jovem preparando-se para constituir uma nova família com seu jovem parceiro. A senhora Puma tentou, até o último instante, usar de toda sua persuasão para demover sua filha da idéia. Resultado: quanto mais ela insistia, mais firme era a determinação da jovem. No final não restou à senhora Puma mais remédio —e olha que para ela esse remédio teve um gosto bem amargo— que aceder e ajudar a sua filha na preparação da sua nova vida. Uma vez que não havia forma de fazê-la mudar de opinião, o melhor seria fazer tudo que fosse possível para que tivesse as melhores chances de sucesso na sua nova vida.

Se descontarmos o coração da senhora Puma que estava totalmente apertado e até dolorido, poderíamos dizer que tudo correu bem. A nova família estava constituída e a jovem Puma muito satisfeita por haver conseguido fazer aquilo que ela queria. Prontamente dedicou-se a preparar sua toca e, em pouco tempo, teve a enorme felicidade de receber seu primeiro filhote, um belo Puminha. Depois de algum tempo, a família Puma estava celebrando o nascimento do segundo filhote, uma encantadora Puminha.

Assim iam as coisas, quando os Puminhas começaram a perceber que havia problemas na família. Eles não entendiam muito bem o que acontecia, mas sabiam que as coisas não iam de todo bem. Em poucos dias seus temores acabaram se confirmando: o pai Puma ia mudar-se para uma outra toca, em uma região longe da casa dos Puminhas. No começo para eles foi muito difícil, mas, como vocês sabem, quando os pais tomam as decisões sem envolver os filhotes, estes demonstram uma infinita capacidade de adaptação a novas situações. E isso foi o que aconteceu. Eles se adaptaram.

A mãe dos Puminhas estava muito orgulhosa dos seus filhotes, eles cresciam e se tornavam cada vez mais belos e mais fortes. Acontece que, após algum tempo, ela teve que tomar uma decisão que não a deixou nada satisfeita: a família Puma teria que abandonar sua querida floresta e suas belas pradarias. As circunstâncias a obrigaram a mudar para uma região montanhosa que não era do seu agrado! Muito a contragosto a mãe dos Puminhas resolveu, então, empreender a longa viagem.

A Puminha, que por sinal era muito sensível, logo percebeu que a Mãe Puma não estava gostando da mudança, e aí ela passou a também não gostar da situação. Em uma ocasião, ela surpreendeu uma conversa da Mãe Puma dizendo que se as coisas não dessem certo nas montanhas, que se não conseguissem se adaptar... então eles teriam que voltar para as maravilhosas pradarias que estavam tendo que deixar... Aí a Puminha disse: "então é assim: se não nos adaptarmos... teremos que ir embora, de volta para as pradarias!"

Com o passar do tempo foi ficando evidente para todos que a adaptação nas montanhas não era nada fácil. Todos começaram a ficar tristes e muito para baixo. Estavam tão para baixo que, pasmem, elas estavam ficando umas Pumas muito feias. A Mãe Puma estava que dava dó, seu pelo sem brilho, andava sem rumo e em nada lembrava aquela jovem e encantadora Puma do início da história. E a Puminha? Ah!, nem se fale, ela havia aprendido a ser bem feia e sem graça. Vivia cheia de problemas, não ficava satisfeita com nada, reclamava de tudo. Começou a ter problemas de todo tipo, encontrava outros bichos nas montanhas e, em princípio, sabia fazer novas amizades mas, invariavelmente, acabava brigando com todos. Era como se a Puminha não quisesse conservar as amizades para não mostrar que se havia adaptado. Os problemas foram tantos que inclusive sua saúde ficou prejudicada.

A Mãe Puma, que amava profundamente os seus filhotes, já não sabia o que fazer para que eles conseguissem ficar bem, viver tranqüilamente e crescer fortes e sadios.

Um dia em que andava pelos bosques, a Mãe Puma parou para beber água em uma bela lagoa. Momentos antes de tocar a água percebeu seu rosto refletido na superfície da lagoa e... levou um grande susto. Não conseguia acreditar naquilo que seus olhos estavam vendo. Ela estava num estado deplorável, não era possível! Sua surpresa foi tamanha que até esqueceu que seu propósito, inicialmente, era beber água. Ficou dando voltas e mais voltas, pensando na situação e perguntando-se o que deveria fazer. Ia, voltava, parava, pensava e... falava. Nessas estava, quando percebeu que, do alto de uma grande árvore, era observada por uma velha coruja. Em um primeiro momento a reação da Mãe Puma foi de retração, sentiu-se encabulada e quis abandonar o lugar. Quis a sorte que, antes de ir embora, a Mãe Puma resolvesse bater um papo com a Coruja.

—A senhora desculpe, falou, é que eu estou meio perdida...

—Dá para perceber, respondeu a Coruja, mas qual é o problema ao certo?

—Estou muito preocupada com a Puminha, ela está dando muito trabalho e...

—Ela deve estar muito preocupada com sua mãe, respondeu a Coruja sem deixá-la concluir sua frase. E, suponho, deve ter boas razões para isso. Você não está com um aspecto muito bom, parece algo descuidada.

—É que para cuidar de mim... primeiro teria que resolver o problema dos Puminhas e, sobretudo, resolver se realmente vamos ficar por aqui ou se vamos embora de volta.

—Não vejo a relação de uma coisa com a outra, falou a Coruja. Aqui ou onde quer que seja, você deve ter o direito de se sentir bem. E o fato de sentir-se bem por aqui não a impediria de ir embora, se esse fosse seu desejo. Impediria?

A Mãe Puma não respondeu. Pareceria que estava submersa nos seus pensamentos e assim ficou por algum tempo. Quando saiu dos seus devaneios, quis continuar a conversa com a Coruja e, para sua surpresa, percebeu que não havia nenhuma coruja no lugar. Ficou em dúvida, será que havia realmente conversado com uma coruja? Ou tudo havia sido apenas produto da sua imaginação? De qualquer maneira, nesse momento lembrou que estava com sede e foi direto para a lagoa e bebeu como havia muito tempo não o fazia.

Quando saiu do lugar, a Mãe Puma o fez com uma sensação que havia muito tempo não tinha. Sentia que o seu lugar seria qualquer lugar em que ela estivesse bem, em paz. Sentia que, para ela, o verdadeiro lugar era ela mesma, e que precisava cuidar muito melhor desse lugar especial.

Conta a lenda que a partir daquele dia a Mãe Puma passou a cuidar-se muito bem, e quem a conheceu afirma que voltou a ter aquele ar de majestade que sempre havia sido o seu. Sabia que seu lugar... não tinha fim.

E a Puminha? Ah!, ela, sentindo que sua mãe não precisava da ajuda de ninguém para decidir o que fazer —se ficavam ou se iam embora, se se adaptavam ou se não se adaptavam—, sentindo que a sua mãe tomava as decisões que era necessário tomar, acabou com suas mazelas e também passou a se cuidar muito. Em pouco tempo estava transformada em uma belíssima Puminha que tinha saúde para dar e vender. Vivia encontrando outros bichos e fazendo novas amizades.

Tão satisfeita estava a família que acabou decidindo aprender as línguas de outros bichos. Muitas e muitas horas passaram dedicados a essa nova atividade. Todos se haviam adaptado e faziam muitos planos para conhecer novas terras.

A-Ânfora Azul pondera: sensibilidade sem sabedoria...

Havia um sereno silêncio na sala quando, da mesma forma pausada e afetuosa em que havia mantido entretida a audiência, a Máquina Fotográfica, encerrou seu relato. Com toda a parcimônia que lhe é característica, depois de olhar atentamente para cada um dos participantes, agradeceu-lhes pela atenção.

—Fico muito grata pela oportunidade que me deram de contar-lhes essa história, ela me comove...

—A sensibilidade, que pode ser uma grande virtude, pode, também, acarretar sérios problemas. Disse, tomando pela primeira vez a palavra a bela Ânfora azul.

—É preciso saber dosá-la, bem como discernir quando deve ser aguçada e quando refreada. Mas eu devo parar de falar —acrescentou a Máquina Fotográfica— passou a minha vez, não devo me empolgar e impedir que outros possam se expressar.

Antes mesmo de que a Máquina de Escrever pudesse fazer sua intervenção habitual, a Ânfora Azul já havia retomado a palavra.

—Concordo com você, disse, dirigindo-se á Máquina Fotográfica, eu creio que a sensibilidade e sabedoria para utilizá-la da forma adequada e no momento certo, são fundamentais para a vida. E a história que eu queria contar-lhes fala justamente de sensibilidade...

Aproveitando que a Ânfora Azul fazia uma pausa para respirar, a Máquina de Escrever retomou a conversa.

—Bem, não devemos esquecer que nosso tempo está contado, disse ao tempo que olhava de lado para o relógio de bolso que fez um sinal de aprovação. Se não houver objeções e se a senhora quiser... creio que podemos passar-lhe a palavra.

Objeções? Quem poderia ter, não era esse o estilo dos objetos da sala. Eles queriam era poder enriquecer-se ouvindo as histórias que cada um tinha para contar. Esperar pela sua vez poderia ser tão gostoso quanto falar para tão querida audiência.

Não, não havia objeções, havia agora o desejo de ouvir a Âfora Azul e todos queriam que ela contasse logo sua história. Assim sendo, ela tomou a palavra.

—Não me deterei em preâmbulos, quero apenas contar-lhes, tal qual a ouvi, a história do Príncipe que ouvia com o coração:

O príncipe que conhecia a linguagem do coração

Passeavam dois jabutis, inquietos e preocupados, sob a sombra dos galhos de uma árvore centenária e, enquanto andavam, iam conversando. Entendiam-se perfeitamente, pois que ambos falavam a mesma língua, o Jabutês.[1]

Ou seria o jabutiano? Bem, pouco importa, de qualquer maneira sabem que não faltará quem diga: "Jabutês! Onde já se ouviu tamanho absurdo?, jabutis não falam! Não são capazes de produzir o menor som!" Ignorância a deles. Mas não discutamos. Não há coisa pior do que tentar convencer alguém que teima em ser ignorante. Os jabutis sabem, e muito bem, comunicar entre si. Nós é que não sabemos ouvir suas conversas. Para poder ouvi-los é preciso que se conheça a linguagem do coração. Ouçamos com o coração e vamos compreender o que os nossos jabutis estão contando.

O que parecia mais velho contava para o mais novo:

—No começo, quando se soube da nova, todo mundo participou da alegria que tomou conta do reino. Bastou que a notícia da próxima chegada do filho do casal real se espalhasse, para que um clima de festa animasse a vida de todos os súditos, desde o mais velho até o mais novo.

—Os reis queriam muito ter um filho?, perguntou o jabutizinho.

—Ah!, não é sequer possível imaginar quanto. Nem o jabutês seria suficiente para expressar a felicidade que inundou os seus corações. Essa foi, naquele momento, a expressão maior do seu belo amor. Porque, não se pode esquecer, o rei e a rainha amavam-se terna e profundamente.

Embalados por esse amor, imediatamente começaram a fazer todos os preparativos.

—Quais preparativos?, quis saber o jabutizinho.

—Bem, se fosse contar-te tudo que tinham para fazer, e tudo que fizeram, para estar em condições de receber dignamente seu primeiro filho... ficaríamos aqui horas e horas sem conseguir chegar ao fim da história. Deviam realizar, sem demora, todos os rituais que garantiriam a saúde e a vitalidade do herdeiro. Precisavam organizar os duendes amigos da floresta, que viajariam para os reinos mais distantes, como portadores dos convites reais para a cerimônia de apresentação do esperado filho.

Tudo isso era feito em uma atmosfera de grande animação e alegria. Cada um assumia a tarefa que lhe era designada, com dedicação e carinho. Aquela que realizaram com mais cuidado foi a de comunicar e a de convocar as entidades protetoras de todos os bebês que se preparam para nascer. Infelizmente, a alegre animação que se vivia, somada à grande quantidade de providências a serem tomadas, acabou gerando uma confusão que, mais tarde, teria gravíssimas conseqüências.

Todas as entidades protetoras, depois de serem comunicadas, faziam-se presentes e realizavam os milenares rituais de proteção. Ao concluírem seu trabalho, despediam-se, marcando encontro para a grande festa do nascimento.

Foram dias maravilhosos para o casal real. Quanto mais se esforçavam nos preparativos, mais satisfeitos pareciam. Dir-se-ia que estavam possuídos por uma energia inesgotável. O amor iluminava seus corações e suas ações. Seu filho, tinham certeza, seria acolhido no seio de uma linda família, nunca lhe faltariam nem a proteção nem os cuidados, sempre estaria rodeado de amor.

—Mas que problemas foram esses?, inquiriu o jabutizinho.

—O certo é que quando disse "todas" as entidades protetoras não estava sendo fiel à verdade. Faltou uma. E logo aquela que seria a encarregada de proteger o futuro herdeiro real dos macabros poderes da temível bruxa Rube. Foi ali que começaram os problemas que, adiante, conhecerás. Mas foi necessário que o tempo escoasse para se ter uma idéia das conseqüências da ausência dessa proteção.

Quando já por três vezes —desde que se anunciara a maravilhosa notícia— a lua havia engordado até ficar clara como um espelho de prata, e a vida corria mansamente, aconteceu que a paz e a harmonia do reino foram perturbadas de forma inesperada e brusca.

—O que foi que aconteceu? Quis saber, assustado, o jabutizinho...

—Mmmm... como queria que isso não passasse de um pesadelo do qual os reis tivessem acordado e pudesse ser esquecido sem ter que ser contado! Mas aconteceu.

Estavam eles no aconchego do castelo —com a agradável sensação de que nada nem ninguém poderia perturbar sua tão preciosa harmonia— quando sentiram, no ar, uma presença ameaçadora. A rainha não pode evitar o estremecimento que a sacudiu dos pés à cabeça. Sentia, ao mesmo tempo, um intenso frio e um sufocante calor. O rei, apenas teve tempo de levantar-se e fazer menção de empunhar sua espada. De imediato percebeu que ela de nada lhe serviria contra a terrível ameaça que estava plantada no umbral da porta da grande sala. Seu desalento não teve tamanho. Naquele instante, ambos sentiram-se impotentes. O terror os atingia na sua parte mais querida e sensível.

—Mas quem estava na porta da sala?, interveio novamente o jabutizinho.

—A pior das ameaças para os bebês que estão para nascer, a poderosa e não menos malvada bruxa Rube. A mesma que, quando envolve no seu pestilento hálito a mãe que porta no seu seio um bebê, é anunciadora das mais terríveis perdas. E para tristeza de todos, foi exatamente isso que ela fez. Com os olhos faiscantes de ira, fez jorrar seu frio e nojento hálito sobre a rainha. Em poucos segundos seu mal estava feito, o herdeiro dos reis havia sido atingido, ele sofreria as conseqüências da vingadora presença da terrível bruxa Rube.

—Ela matou o bebezinho? Quis saber o jabutizinho.

—Esse era seu plano mais diabólico, mas se isso não desse certo, contentar-se-ia com provocar muitos outros danos. Quais? Poderia apagar a luz dos seus olhinhos, para que não visse a beleza do dia; fechar as janelas da sua mente, para que tivesse as maiores dificuldades para aprender; amarrar seus bracinhos ou perninhas e, assim, evitar que tivesse liberdade de movimentos; poderia, também, tampar os seus ouvidinhos para, além de impedi-lo de ouvir, impedi-lo de falar.

—Que maldade! Acrescentou o jabutizinho. Mas os reis não podiam se defender? Não tinham nada para fazer?

—Claro que sim. Quando apenas estavam recuperando-se do susto, iniciaram uma batalha que duraria por muitos anos. Eles iriam fazer o possível e o impossível para salvar a vida do bebê, para cuida-lo e protegê-lo. Imediatamente consultaram os mais renomados sábios do reino e, de cada um, recebiam os conselhos que os ajudariam a cuidar do futuro príncipe.

Um dia em que, rei e rainha, absortos pelos seus pensamentos, passeavam pelos bosques do castelo, depararam-se com um belo cupido que voava em torno das suas cabeças. "Como?! Ninguém consegue ver um cupido!" Haveriam algumas pessoas de exclamar-se. As pessoas comuns não conseguem, é verdade, mas aqueles que acreditam no amor podem, em circunstâncias especiais, ver o cupido. E, se por um lado, as pessoas do nosso casal real estavam longe de ser pessoas comuns, por outro, estavam vivendo uma situação muito especial. Motivo pelo qual, além de não se assustarem com a presença do Cupido, prestaram muita atenção ao que fazia.

—Olha como ele é encantador, sussurrou a rainha no ouvido do rei.

—É muito bom sentir a sua presença, confirmou o rei.

Nessas estavam, quando o Cupido se dirigiu diretamente a eles:

—O amor é vida. Disse. —E vocês amam. Continuem amando que o amor é capaz de curar muito mais do que as pessoas imaginam.

Tanto o rei como a rainha, dispunham-se a falar com o simpático Cupido, mas este agitou suas asinhas e desapareceu tão repentinamente quanto havia chegado. O rei e a rainha se abraçaram longamente e permitiram que suas lágrimas amorosas se misturassem. Assim ficaram por um tempo. Quando deram por si, sentindo que estava na hora de voltar sobre os seus passos e ganhar o palácio, perceberam que estavam abraçados no meio da alcova real. Sem saber se haviam realmente estado no bosque ou, simplesmente, haviam sonhado com o Cupido, mas temendo que se falassem a respeito poderiam romper o encantamento deixado pelas suas palavras, ambos, guardaram suas perguntas, limitando-se a sentir com mais força todo o seu amor.

Os dias foram se passando e, por várias vezes a lua ficou gorda e prateada. Estava chegando o momento tão esperado pelo rei e a rainha: o dia em que eles acolheriam o ansiado filho. Não há palavras para descrever o estado dos seus corações. A angústia havia-se apoderado do reino: quais seriam as conseqüências da maledição da horrorosa bruxa Rube? Ninguém poderia dizer ao certo, e enquanto o príncipe não nascesse... poderia esperar-se o pior!

O dia do nascimento chegou.... quando se soube que o príncipe havia superado a primeira ameaça da temível Rube, todos os corações do reino soltaram um suspiro de alívio, o príncipe estava vivo. Cada um dos momentos que se seguiram foram de grande intensidade, de grande angústia. Quão grande era o poder da malvada Rube? O que ela havia conseguido contra o príncipe? Essas perguntas, que brotavam do coração da rainha e do rei, ecoavam em todas as pessoas do reino. A primeira vez que a rainha percebeu que o seu amado herdeiro sorria quando ela se aproximava, quase desfaleceu de felicidade. A terrível Rube não havia conseguido apagar a luz dos seus olhinhos, ele podia enxergar perfeitamente!

Assim, aos pouquinhos, foram sendo feitas novas descobertas. Nem as perninhas nem os bracinhos do príncipe haviam sido amarrados, ele era capaz de movê-los com grande facilidade. Ah!, e não se deve esquecer que, muito rapidamente, os reis descobriram que o príncipe era tremendamente esperto! A odiosa Rube não havia conseguido jogar o manto da escuridão na sua inteligência, o príncipe era muito inteligente e, com certeza, ao crescer, seria um homem de grande sabedoria.

—Então ele não tinha nada! Exclamou o jabutizinho jubiloso.

—Bem... os perigos maiores estavam conjurados. No entanto, um dia a rainha percebeu que, mesmo diante de barulhos muito intensos, o pequeno herdeiro permanecia quietinho, não se incomodava. Ele não conseguia ouvir...

—A malvada Rube havia conseguido afetar seus ouvidos! Acrescentou o jabutizinho.

—Infelizmente sim. Mas, como se estivesse novamente no bosque ouvindo a voz do Cupido, a rainha sentiu seu corpo e sua alma aquecidos pelo amor. Sem pensá-lo duas vezes, correu para conversar com o rei e contar-lhe o que estava acontecendo. Em poucos dias todos do reino sabiam que o casal real estava à procura de alguém que, pela sua sabedoria, fosse capaz de ajudá-los a combater o mal e a educar o príncipe. A notícia chegou aos ouvidos de uma sábia majé que, de longa data, lutava contra os estragos causados pelo bafo da horrível Rube. Assim, não demorou muito para que se apresentasse ao palácio real e, de imediato, iniciasse seu trabalho com o príncipe.

Quando a odienta Rube soube que o dano que havia causado nos ouvidos do príncipe eram graves, encheu-se de orgulho e satisfação, sentia-se poderosa, invencível. Ela só se dá por satisfeita quando consegue fazer muito mal. Mas ela não contava com a força do amor dos reis, nem com o trabalho da majé que, depois de muitos e muitos esforços, estava ajudando o príncipe a falar. Junto com outros pajés, que o ajudaram a ouvir um pouco, a majé fazia um maravilhoso trabalho. E cada dia que passava o príncipe aprendia cada vez mais a ouvir e falar.

Os reis estavam que não cabiam em si de felicidade. Os progressos e o crescimento do jovem príncipe —que já não era mais um bebê e que cada vez estava mais belo— faziam com que, muitas vezes, eles esquecessem que tinha dificuldades para ouvir e falar. Todos do reino ficaram sabendo da boa nova e, claro, comentavam o grande acontecimento.

Como não poderia deixar de ser, a malvada Rube também ficou sabendo e, ficando roxa de raiva, no meio de uma horrorosa gargalhada disse:

—Eles pensam que são capazes de vencer-me. Não conhecem minha teimosia! Eu ainda tenho poder... Se eu conseguir que ele fale o menos possível, de nada servirão os esforços de todas as majés e todos os pajés do mundo. Ele ficará mudo, ele ficará isolado, ninguém vai entender o que ele teima em dizer!

E concentrando toda sua força maligna, mandou um novo feitiço contra o jovem príncipe: A partir desse momento, apesar de estar aprendendo a falar, ele teria muita vergonha de não falar como as outras pessoas. Teria mais vergonha ainda de não ser entendido da primeira vez. E muito mais vergonha de não poder entender tudo que os outros falavam. Teria muita, muita vergonha e a vergonha o paralisaria, não o deixaria continuar desenvolvendo sua inteligência.

A bruxa Rube era terrivelmente maldosa... queria combater, a qualquer preço, o crescimento do jovem príncipe e não recuaria diante nada.

—Quer dizer que o príncipe foi vencido pela vergonha? Perguntou assustado o jabutizinho.

—Esses eram os planos da malévola, é claro, mas ela não contava com a força do amor dos seus pais nem com a determinação do próprio príncipe. Mas vamos devagar. No começo a tenebrosa Rube fez ouvir sua estridente gargalhada de triunfo por todos os confins do reino. Ela acompanhava o desenvolvimento do príncipe e via como, aos poucos, ele ia ficando cada vez mais envergonhado. Quando não entendiam o que ele dizia, ele tentava fazer-se de desentendido e fugia do contato com as outras pessoas. Quando não entendia o que as outras pessoas diziam, era a mesma coisa. Ele estava ficando cada vez mais envergonhado, a vergonha ia se apoderando da sua vontade e isolando-o do resto do mundo. Quanto a odienta Rube se enchia de satisfação! O príncipe, dizia ela, sempre ficaria sob seu poder, paralisado pela vergonha.

Um belo dia, no entanto, em que o príncipe passeava pelos jardins do castelo, descobriu um caminho que nunca antes havia trilhado. Sua curiosidade, que era muito grande, ficou maior ainda e, sem demora, resolveu seguir por ele e descobrir aonde conduzia. Em poucos minutos havia atingido uma clareira em que havia uma pequena lagoa. Contente com o achado, o príncipe resolveu sentar-se e descansar perto da lagoa. Escolheu uma grande e bela pedra ovalada que tinha a parte superior ornada com curiosos desenhos exagonais. Não sem certa dificuldade, porque era muito alta, o príncipe conseguiu atingir a parte de cima. Ao sentar-se sentiu que a pedra possuía uma temperatura gostosa que convidava ao descanso. Acomodou-se então e, em poucos minutos adormecia profundamente. E no meio do seu sonho estava, quando sentiu que o seu confortável assento começava a movimentar-se.

—O que é isso! Disse o príncipe, vendo que, o que até então achava ser uma pedra, movia-se em um ritmo suave e cadenciado. Antes de ter tempo de raciocinar e responder a sua própria pergunta, percebeu que aquilo que no início havia tomado por uma pedra resultara ser, de fato, uma grande tartaruga, um grande jabuti.

—Como a gente!? Sobressaltou-se o jabutizinho.

—Como a gente sim. Respondeu-lhe o jabuti.

Era, melhor dizendo, um gigantesco jabuti. Recuperado da sua surpresa inicial, o príncipe desceu das costas do jabuti, rodeando-o até atingir o ponto de onde surgia uma grande e enrugada cabeça. Com o queixo caído de admiração, ficou olhando fixamente para os olhos do jabuti e teve uma estranha sensação.

—O que foi? Disse o jabutizinho que estava cada vez mais interessado na história.

—Foi que não apenas viu como o jabuti sorria para ele, como também sentiu que, dentro de si mesmo, ecoava uma voz suave e doce que lhe dizia:

—Não te espantes, tu tens o dom de ouvir e compreender a linguagem dos jabutis. Tu podes ouvir com os olhos, tu podes ouvir com o coração.

—Ah!, mas eu tenho muita vergonha! Eu não gosto de ser diferente das outras pessoas. Respondeu o príncipe.

—Vergonha?! Eu sei de onde vem essa vergonha... disse o jabuti. Esse é o feitiço da malvada Rube, ela não quer que tu sejas livre, que cresças e conquistes o mundo. Porque, para ela, essa seria sua última e grande derrota. Saber que tu te libertaste da vergonha, faria com a malévola Rube percebesse que o seu tão temido poder havia sido reduzido a nada. Por isso ela não quer que venças a vergonha... ela precisa da tua vergonha para se sentir poderosa e vitoriosa.

—Mas como fazer se a vergonha....

—É muito fácil, disse o Jabuti. Só tu podes derrotá-la, ninguém pode fazer isso no teu lugar. No momento que surja dentro de ti o desejo de ver-te livre da vergonha, nesse mesmo momento esse desejo irá crescer e crescer, até tornar-se tão grande que será impossível manter a vergonha mandando na tua vida.

—Mas eu quero muito ver-me livre da vergonha, disse o príncipe, neste mesmo momento já tenho muita vontade de ver-me livre, livre da vergonha!

—Percebe como esse desejo está crescendo!

—E posso jogar fora essa vergonha aqui mesmo?, agora mesmo? Perguntou o príncipe entusiasmado.

—Podes jogá-la fora agora mesmo, aqui mesmo, respondeu pronta e calmamente o Jabuti.

Nesse momento, o jovem príncipe levou as mãos até o seu coração e fazendo um gesto de arrancar, começou a jogar fora toda sua vergonha. Ah!, como ele se sentia feliz, à medida que ia arrancando a vergonha e jogando-a fora, ele ia sentido que era mais leve e que deixava para trás um grande peso.

Quando acabou de arrancar e jogar fora a vergonha, o príncipe percebeu novamente o sorriso do Jabuti que o olhava de uma forma muito carinhosa. Seu coração estava que saltava de emoção e sentia uma grande vontade de correr para contar aos seus pais, os reis, que ele tinha jogado fora toda a vergonha, que nunca mais ia ter vergonha de falar e de estar com as demais pessoas. Ele estava partindo para a grande conquista do seu mundo e marcando a última derrota da horrorosa Rube.

O coração do Jabuti também estava transbordante de felicidade. Era maravilhoso ser testemunha dessa transformação. Quando, depois de afagar-lhe a cabeça em sinal de reconhecimento, o príncipe saiu correndo rumo ao castelo, acompanhou-o com o olhar até que se perdesse em uma das curvas do caminho.

O príncipe, quando deu por si, percebeu que estava deitado na sua cama. Como havia chegado até ali? Poucos minutos antes estava na clareira correndo... "Será possível que tudo tenha sido um sonho?", perguntou-se. "Eu conversei com o Jabuti?" Para certificar-se levou as mãos ao peito e procurou se havia algum resto de vergonha e, qual não seria sua surpresa ao perceber que a vergonha havia realmente desaparecido.

—Não sei se sonhei ou se realmente conversei com o Jabuti, disse o príncipe, mas o fato é que já não tenho mais vergonha! Dito isso, deu um pulo, saiu da cama, e correu para onde estava a rainha. Ele tinha muita pressa, queria contar-lhe que estava livre da vergonha, que sentia o grande desejo de falar com as pessoas, que não importava que algumas vezes ele não entendesse, que outras as pessoas não o entendessem. Ele, ao perder a vergonha, poderia fazer mais amigos e conhecer mais gente.

A rainha não acreditava no que estava vendo! O seu querido filho estava tão diferente, parecia tão leve e feliz. Do fundo do seu coração surgiu o desejo grande de abraçá-lo e beijá-lo, com muito amor, e assim o fez.

Nenhum dos dois teve sossego até poder contar ao rei que a vergonha havia acabado. Não é possível imaginar a alegria do rei ao ver seu querido príncipe livre da vergonha. Aquele dia foi um dia inesquecível para todos, foi um dia de alegria geral.

Conta a lenda que ele passou a ser conhecido como o príncipe que sabia ouvir com os olhos e com o coração. Ele cresceu e viveu muito feliz. Sua sensibilidade e inteligência eram tão grandes que o ajudaram a tornar-se um grande contador de histórias, um grande escritor... ele sempre soube falar e ouvir com o coração.

—Essa é a história do príncipe, disse o jabuti para o jabutizinho antes de perceber que ele, com um belo sorriso nos lábios, dormia aprazivelmente. É verdade, pensou, está na hora de dormir, dizendo e fazendo, fechou seus olhos e, também, viajou para o mundo dos sonhos.

Uma Bússola para lá de experiente

Nesse momento, na sala, não havia quem não estivesse, de certa maneira, no mundo dos sonhos, dos seus próprios sonhos. Todos os presentes embarcaram na fantasia e reviram algum momento das suas vidas. Demais está a dizer que, mais uma vez, a emoção era grande, tão grande que não cabia no recinto. Depois de haver falado com tanto sentimento, a Ânfora Azul parecia esvaziada. Mas não, ela estava com aquele cansaço feliz que nos preenche quando fizemos com prazer e com amor aquilo que fizemos.

Tanta era a emoção que, durante uns instantes, todo mundo pareceu absorto nos seus próprios pensamentos. Foi um momento de recolhimento amoroso que foi respeitado por todos.

O fato é que foi difícil para a Máquina de Escrever se decidir a intervir para propor a continuação. Só se decidiu porque percebeu que, aos poucos, todos iam emergindo das suas meditações e lhe dirigiam um olhar inquiridor: vamos retomar? Assim, decidiu-se a tomar a palavra.

—Bem... é provável que a emoção não nos deixe dizer muitas coisas a respeito da sua história, dona Ânfora Azul, mas a senhora terá percebido que a sua mensagem nos tocou profundamente. Ela vai continuar em cada um de nós por muito, muito tempo...

—Muito obrigada.... conseguiu dizer a Ânfora Azul transbordante de emoção e sem conseguir conter uma lágrima.

—Nós é que agradecemos, interveio a bússola, cuja agulha vinha dando mostras de uma atividade inusitada para quem não se movia do lugar... Mas acontece que só poderia dizer que ela não se movia do lugar quem apenas tem olhos para aquilo que é obvio e não para o que realmente vale a pena. A Bússola estava indo e voltando de diversos reinos por ela conhecidos, nos quais havia vivido mil e uma experiências. Ela estava ansiosa por falar, ansiosa por devolver para o grupo, através do seu relato, um pouco de tudo que havia usufruído em sua companhia.

Sensível como era, a Máquina Fotográfica antecipou-se e disse-lhe.

—Tu deves ter, também, inúmeras histórias para contar, por que não nos trazes uma delas?

Ao ouvir as palavras da Máquina Fotográfica, a Bússola não pôde reprimir um sobressalto emocionado, tanto que sua agulha, parecendo desgovernada, deu toda uma volta ao quadrante antes de volver para o seu lugar preferido, o Norte.

—Não me faria de rogada diante de um pedido desses. Respondeu a Bússola. É só dizer... que terei o enorme prazer de contar-lhes uma...

—Então, creio eu, disse a Máquina de Escrever, a senhora pode começar, a palavra é sua.

A Rosa que havia perdido a alegria de viver

Uma coisa era certa: a coruja nada tinha a ver com aquilo. A responsabilidade era toda de Rosa.[2] Mas, no início, quando lembrava de tudo pelo que havia passado, Rosa tinha tendência a pensar que a coruja era a responsável por sua nova felicidade. Eu acho que vocês só vão entender de que estamos falando se eu contar a história desde o começo.

Rosa possuía uma virtude que a diferenciava de todas as pessoas, ela compreendia a linguagem dos animais. Bem, não apenas era capaz de compreendê-los, eles, por sua vez, também a compreendiam. Imaginem, nunca lhe faltava com quem ter um dedinho de prosa. E ela amava conversar, jamais seria capaz de abrir mão de um bom papo, com quem quer que fosse.

Por outro lado, desde pequenina, Rosa distingui-se pela sua beleza e sua alegria. Todo mundo sabia que, quaisquer que fossem as circunstâncias, seria possível contar com ela. Na aldeia não havia um só habitante que não lembrasse de pelo menos uma situação em que Rosa o havia socorrido ou auxiliado de alguma maneira. Quem se lembrava de vê-la triste ou reclamando da vida? Ninguém.

A bem da verdade havia sim, muitas pessoas tinham essa experiência: bastava que Rosa não pudesse resolver o problema de alguém, ou, pelo menos, aliviar sua carga, para ver sua carinha tomada pela tristeza. O fato de não poder ajudar, de não poder contribuir para a felicidade das pessoas, fazia com que caísse em um profundo desânimo. Mas ela, sem demora, sabia descobrir novas formas de ser útil para as pessoas. Em pouco tempo, com certeza, ela estaria tendo motivos para rir e levar alegria para todos.

Essa é uma magnífica maneira de ver a vida e quem vive dessa forma sempre está rodeado de paz e tranqüilidade, vocês dirão, e com razão. E a vida de Rosa teria continuado sendo maravilhosa, não fosse por um infeliz acontecimento que, sem demora, passo a relatar-lhes.

Passando por uma dificuldade ou outra, poderia afirmar-se que Rosa vivera feliz por muitos anos. Duas das suas maiores fontes de felicidade eram as suas duas belas filhas. Acontece que houve um momento em que ela começou a perder sua energia e sua alegria. Dir-se-ia que ela estava murchando, que era apenas capaz de ver os espinhos da vida e não as suas belas cores. Em um aziago dia em que, buscando respostas para suas inquietações, passeava pelos bosques da aldeia, viu um duende que, escondido trás umas grandes pedras de um dos lados do caminho, acenava para ela de forma insistente. Seu sobressalto foi enorme. Se tivesse obedecido ao seu primeiro impulso teria fugido mas... quem diz que ela soube refrear sua curiosidade? De nada valeu sua vozinha interna que lhe disse: "Deixa-o ir, não sejas curiosa!" Como curiosidade era com ela mesma, sem pensá-lo duas vezes, correu atrás do duende. Por momentos parecia que Rosa percebia que o melhor seria parar e refazer o caminho de volta para casa. Mas a sua hesitação durava pouco e ela acabava sucumbindo novamente ao feitiço do duende.

Ao cabo de um tempo ei-la, sem fôlego, no meio da mais estranha das florestas que se possa imaginar, pois que as árvores que ali se encontravam, além de possuírem as formas e as cores mais estranhas, eram quase gigantescas. Qualquer um teria sido estremecido pelo medo e teria saído mais do que correndo do lugar, mas Rosa, que ainda não havia satisfeito sua curiosidade, procurava pelo duende que avistara no caminho. Quando já começava a pensar que havia sofrido uma alucinação ei-lo que aparece, com sua imensa e redonda barriga, sentado no alto de uma grande pedra. Rosa parecia fascinada pelo duende, o qual, satisfeito pelo efeito que provocava, começou a fazer uma série de caretas e a dar os pulos mais divertidos que ela já vira em toda sua vida. Quanto mais ela ria, mais parecia esforçar-se o duende por atrair sua atenção. O tempo passou sem que Rosa o percebesse, de tal forma que quando deu por ela já o sol estava se pondo. Quando o duende percebeu que ela parecia recuperar a consciência e se preparava para romper momentaneamente com o fascínio que a havia mantido na sua companhia, com um grito esganiçado disse-lhe: "Agora conheces o caminho, sempre estarei te aguardando!"

Rosa quase não ouviu o final da frase do duende, mas no íntimo sabia que não resistiria e que à primeira oportunidade.... estaria de volta.

A partir daquele dia sua vida toda mudou. Ela que era conhecida pela sua alegria e jovialidade, passou a mostrar um semblante triste e preocupado. As demais pessoas não a reconheciam. O que antes parecia tão natural, suas conversas com todo tipo de bichos, por exemplo, deu lugar à maledicência e à fofoca. Não faltou quem perguntasse se Rosa não estaria definitivamente louca!

Suas visitas ao duende fizeram-se cada vez mais freqüentes, mas a alegria que tanto procurava parecia-lhe cada vez efêmera e mais longínqua. Sua tristeza e sua angústia aumentavam. Suas lágrimas rolavam...

Rosa não havia deixado de ser solícita com as pessoas, nem de se preocupar com elas, mas a partir do dia em que passou a freqüentar o bosque do duende, já não parecia mais a mesma. Ela própria dava a impressão de haver esquecido de si, tal era a influência que o duende exercia sobre ela. Para se fazerem uma idéia da sua transformação, basta que se diga que ela passou a sentir-se culpada por tudo de negativo que acontecia na aldeia. Não bastassem os seus próprios problemas, ela se carregava com a culpa pelos problemas dos outros. Se um vizinho fazia uma má colheita, era culpa dela; se outro perdia uma vaca, era culpa dela; se mais um outro adoecia, também era culpa dela.

Assim as coisas, apesar de nunca ter deixado de trabalhar e de lutar pela melhora da situação, Rosa estava perdendo o gosto pela vida. Quantas e quantas vezes não se perguntou, ao passar por sobre a velha ponte que cruzava o grande precipício da comarca, se não seria preferível pular e acabar com tudo para sempre! Quantas lágrimas solitárias não derramara!

Um belo dia aconteceu, porém, que quando se dispunha a trilhar novamente o caminho que levava ao canto da floresta onde se havia iniciado o seu enfeitiçamento, Rosa percebeu um belo pássaro que depois de pairar durante alguns segundos sobre sua cabeça, conseguiu desviar sua atenção para um atalho que surgia inesperadamente à sua esquerda. Sem ter consciência do que fazia, Rosa foi deixando-se levar pela atração exercida pela ave e, depois de algum tempo, deparou-se com uma grande caverna. Como não visse mais o belo pássaro, resolvei adentrar-se na caverna e esquadrinhar o seu interior. Mal tinha começado a dar os primeiros passos quando uma sensação de paz invadiu a sua alma.

Sua primeira reação foi de espanto, posto há muito não sentia nada semelhante. "Que poderá ser?" perguntou-se, continuando sua busca. Estava para desistir de encontrar o que quer que fosse quando vislumbrou, em um dos cantos mais recuados da gruta, dois pontos de luz que, de tempo em tempo, desapareciam para reaparecer imediatamente depois. Impelida pela curiosidade —novamente sua curiosidade— Rosa caminhou rumo ás luzinhas. Qual não foi sua surpresa ao descobrir que se tratava dos olhos de uma grande coruja reclinada em uma pedra no fundo da caverna. "Ihhh!, eu não gosto de corujas", disse para os seus botões, preparando-se para dar a meia volta e ir embora. Mas algo mais forte a reteve... era a sensação de bem-estar que desde os seus primeiros passos na gruta não a havia abandonado. Por isso resolveu não ir embora imediatamente.

Como seria de esperar-se, não demorou muito para que Rosa começasse a conversar com a coruja. Quase perdeu o fôlego de tanto falar. Ah!, quanto tempo havia que ela não falava dessa forma e quanto, também, que não se sentia tão leve e tranqüila. A coruja pouco falou, limitou-se apenas a pontuar a conversa com uma pergunta aqui, outra lá.

Ao sair da caverna e ver a lua cheia, Rosa sentiu um desejo muito forte de conversar com ela. Tinha muito para botar para fora. A partir daquele dia suas conversas com a lua foram cada vez mais francas e profundas. Enquanto percorria o caminho de volta para casa, tinha a impressão de que entrava em contato com certas coisas pela primeira vez... havia muito que tudo lhe aparecia deformado pela lente das amargas lágrimas que vertia. Havia muito que se havia afastado do seu caminho, que estava perdida. Enquanto voltava para casa, Rosa pensava em como sua vida poderia mudar, em quantas coisas ela tinha para fazer.

Durante os primeiros tempos, sempre que Rosa voltava para a caverna da coruja era para reclamar, para se queixar: dos seus defeitos, da sua incompetência, da sua falta de habilidade, da sua tristeza. Ela nunca parecia satisfeita com nada. A sua vida ia, no entanto, mudando de rumo. Rosa ia descobrindo que o feitiço do duende só duraria enquanto ela assim o permitisse.

Quando começou a ser evidente para ela mesma que as coisas estavam mudando e que era só empenhar-se em um objetivo que ela acabava por atingi-lo, Rosa passou a procurar a coruja para lhe dizer: "Ah!, como você é poderosa! Hoje consegui conquistar mais um objetivo.... se não fosse você eu nunca conseguiria." Tudo que ela fazia era, segundo ela, devido a força da coruja. O que é que a coruja fazia, ela que sempre estava na sua gruta? Bem, ela apenas permanecia disponível para conversar e para observar aqueles pequenos detalhes que as pessoas teimam em não perceber. Sempre que reparava em algo, a coruja comentava com Rosa. E Rosa ia e voltava, sempre com uma novidade, mas sempre achando que a coruja era a responsável pelas mudanças.

À medida que o tempo passava, porém, Rosa ia percebendo que muitas vezes, ao enfrentar as situações mais difíceis, e quando mais precisaria da presença e do apoio da coruja... esta não estava disponível e não era possível conseguir sua ajuda. Um belo dia, quando, depois de haver vencido um novo obstáculo, cheia de satisfação, Rosa pensava como contaria à coruja o acontecido, ouviu uma voz que lhe dizia: "Percebe... todas as tuas conquistas dependem da tua própria força. Ninguém no mundo seria capaz de fazer por ti o que tu mesma estás fazendo..." Aí ela se perguntou: "Nem a coruja?" E a vozinha, impertinente: "nem a coruja, nem ninguém".

Nesse dia, que foi um dos mais felizes da sua vida, Rosa teve vontade de contar à Coruja do seu orgulho por tudo que havia conquistado, por todos os obstáculos que havia vencido. Ela, que já havia chegado a sentir que sua vida estava acabada, era capaz, agora, de ver sua vida como algo belo que ainda lhe reservava muitas batalhas, é verdade, mais, por isso mesmo, muitas vitórias. Rosa havia redescoberto que cada pessoa tem o seu próprio norte e que não adianta ir atrás do norte das outras pessoas.

Nesse dia, também, Rosa compreendeu que era ela quem dava poder ao duende e que só ela poderia desfazer o feitiço. Rosa rompeu o encantamento do duende e, a partir desse momento voltou a ser a moça encantadora que sempre havia sido, orgulhosa da sua generosidade, da sua beleza e da sua inteligência. Ao recuperar o seu rumo, Rosa reconquistou o amor por si mesma e soube manifestar com mais força ainda o amor pelas pessoas da sua família.

Conta a lenda que, depois de limpar a sua alma dos feitiços e das culpas, ela voltou a alegrar a vida com seu sorriso e sua alegria.

Três dias de intenso trabalho: o Velho Telefone dita, a Máquina de Escrever... escreve

Um momento muito especial estava chegando... havia cabido à Bússola contar a última história da série. Quatro dias, ou talvez fosse mais adequado dizer quatro noites, haviam transcorrido desde aquela primeira em que se ouviu, pela primeira vez, o som das vozes de alguns dos belos objetos que animavam aquela querida sala.

Animados por um acordo tácito, todos os objetos pareciam saber que estava na hora de parar. Eles queriam que suas histórias não ficassem soltas, correndo assim o perigo de passarem para o esquecimento. Queriam que chegassem aos ouvidos das pessoas, de muitas pessoas. Estavam animados pela sensação de que não faltaria quem pudesse divertir com sua leitura. Foi esta a razão do silêncio que se seguiu. Os olhares, é verdade, estavam tornados para a Bússola, que, satisfeita, também contribuía a manter esse silêncio entre respeitoso e já saudoso.

—Mais uma vez caberá a mim a responsabilidade, teve de interromper a Máquina de escrever. Está na hora de decidir como vamos fazer para preservar todas essas histórias. Temos, ainda, todo o fim de semana. E deveremos trabalhar com afinco para dar fim à tarefa.

—Alguém tem que botar no papel, agregou o Velho Telefone. Enquanto a mim, eu poderei ditar todos os contos, tenho uma boa memória, não perdi uma vírgula, é só dizer e... começamos.

—Estranha pergunta a sua Seu Telefone —disse meio incomodada a Máquina de Escrever— a quem poderia caber a tarefa de botar no papel todas as histórias se não a mim? Não sou nenhuma dessas engenhocas modernas mas, modestamente, sei fazer um belo trabalho.

Nesse momento deixaram-se ouvir os comentários de aprovação de todos os outros objetos. E o trabalho não demorou a começar.

A quinta noite veria os objetos prestando novamente atenção ao ditado dos contos que, com toda parcimônia, o Velho Telefone se encarregava de fazer à Maquina de escrever.

O trabalho prolongou-se durante o final de semana. Pouco foram o sábado e o domingo... ao final, porém, a tarefa estava completa. A sala era pequena para conter tanta satisfação. Uma semana muito intensa estava chegando ao fim. No íntimo, todos os objetos sabiam que essa havia sido apenas a primeira experiência, daí para frente nunca deixariam de contar histórias. Quando se toma gosto pela coisa...

Não escondiam, por outro lado, sua ansiedade. Queriam que o fruto de seu trabalho pudesse ser apreciado pelas pessoas. Por isso...

E eu, afinal, o que tenho a ver com essa história toda?

A verdade é que quando cheguei ao meu consultório, na segunda feira, deparei-me com um belo volume, ricamente encadernado, com cheiro e aspecto de antigo, que, jogado no meio da sala, parecia oferecer-se para mim. Não me perguntei de onde havia saído, tive apenas o desejo de conhecer seu conteúdo. Conforme avançava na leitura... maior era meu encantamento. Durante todo o tempo que estive lendo, tive a impressão de que era observado com curiosidade. Mas por quem? Se ninguém mais havia na sala! Outras vezes fui invadido pela a impressão de que algo se movia nas estantes, mas quando levantava a vista deparava-me com os meus objetos imóveis, sérios, com o aspecto costumeiro, aparentemente inanimados. Talvez eles estivessem tendo um prazer semelhante aquele que eu tenho quando vejo a cara dos meus clientes que, depois de lerem os seus contos, meio brincando, meio em sério, interrogam-me: "Molina, onde está esse livro de onde tirou essa história? Qual é esse livro?" Quando eles me fazem essa pergunta, respondo com um gesto, levo as mãos ao coração e digo: "Está aqui mesmo, em uma estante muito especial..."

A seguir vou a apresentar dois Apêndices (necessários). No primeiro, encontrar-se-ão as transcrições das cartas que foram escritas para acompanharem os contos que encontrei e cada um dos clientes recebeu. No segundo aparecem as transcrições dos comentários que, como resposta aos contos recebidos, cada uma das pessoas me fez chegar.

Duas histórias não vêem acompanhadas pela sua respectiva resposta. Porquê? A responsabilidade é toda minha... porque não tive a idéia de pedirlhes que o fizeram. Em todos os outros casos houve o devido pedido e a devida resposta.

Passemos, pois, aos ditos apêndices.

Apêndice I

Belo Horizonte, 18 de março de 1999

Josefina,
Mexendo em uns livros antigos, que trouxe das minhas viagens pela Escandinávia, encontrei um livro de contos. Não me perguntes quem é o autor, porque o volume tinha sua primeira página arrancada. Bem, como sabes, não consigo ver nada escrito sem que minha curiosidade fique muito aguçada. Imediatamente me pus a ler os textos e quando li "A afilhada do Senhor do tempo" pensei: Josefina tem que ler este conto. Assim, tratei de transcrever o mais fielmente possível o texto. Em alguns pedaços havia partes quase que ilegíveis e não consegui fazer uma cópia fiel. Vou continuar trabalhando e se descobrir algo novo, te mandarei uma nova cópia. Espero que estejas muito feliz e que te divirtas com a leitura, até a próxima semana, um abraço

Carlos Arturo Molina-Loza

Belo Horizonte, 17 de março de 1999

Eline,
Uns dias atrás tive muita vontade de visitar as livrarias em que se encontram livros antigos. Tu sabes que eles são meus amigos. Volta e meia reservam-me gratas surpresas. Eles têm comigo um cuidado muito especial, quando adivinham a minha presença, logo vão insinuando-se. É um pouco como se dissessem: "Psssst!, não passes ao largo, leva-me, reservo uma surpresa para ti." Desta feita, minha visita reservava-me uma dessas surpresas muito especiais. Um livro muito antigo e cheio de histórias interpelou-me, afirmando que se o levasse não ficaria desiludido. Muito mais porque mexeu com meu lado sensível [parecia tão velho e gasto, recendia um pouco a mofo e a naftalina], não quis deixa-lo abandonado. Peguei-o e o trouxe comigo.

Porque te conto tudo isso, porque nele encontrei a história da "Moça que buscava seu gênio". Quando a li, imediatamente disse para os meus botões: "Eline precisa ler esta história." Sem perda de tempo fiz uma transcrição. Por isso estás recebendo esta cópia. Creio que vais gostar, creio que vai falar contigo como falou comigo.

Recebe o meu abraço e até muito breve.

Carlos Arturo Molina-Loza

Belo Horizonte, 22 de março de 1999

Petrônio e Cybele,
Quando voltei ao meu consultório, depois da noite do nosso último encontro, deparei-me com um fato inusual. Normalmente eu só saio depois de haver arrumado minha sala, gosto de encontrá-la, no dia seguinte, pronta para me receber e receber as pessoas. Se mexo em algum livro, vou colocá-lo cuidadosamente no seu lugar. Isto, com qualquer livro, imaginem vocês como não é com os livros antigos. Pois bem, no outro dia, ao entrar havia jogado, no meio da sala, um dos meus livros mais antigos. Jazia caído, aberto. Não entendi, fora eu, ninguém mais havia entrado. Como era possível que isso tivesse acontecido? Fazia muito tempo que não tocava nesse livro. Por ser tão velho, tenho um cuidado todo especial com ele. Mas eu gosto muito das suas histórias e talvez devesse lê-lo, consultá-lo, com mais freqüência. Bem, pelo menos isso foi o que eu me disse naquele dia, quando o recolhi do chão e vi em que página estava aberto. Confesso que não me lembrava mais dessa história, mas achando que poderia ser um presságio, sentei com ele e li o relato: "Oh! A mor te chama..." Comoveu-me muito. Como nós três fomos as últimas pessoas a entrar na sala antes da sua caída no chão, resolvi fazer uma cópia para cada um e enviá-las. Se mexer com vocês como mexeu comigo teremos muito a conversar da próxima vez, recebam um abraço afetuoso.[3]

Carlos Arturo Molina-Loza

Belo Horizonte, 30 de Março de 1999

Lyzete e Lucas,
Tal como havíamos combinado no nosso último encontro, estou enviando o pequeno texto prometido. Não lhes contei naquela oportunidade mas, vasculhando em um monte de livros antigos no qual havia muito tempo não mexia, um deles despertou minha curiosidade. É um livro de histórias muito bonitas. Estive entretido com ele um bom momento. Por que é que lhes conto isso, dirão... O que isso tem a ver com vocês? Pois bem, o fato é que um dos contos chamou poderosamente minha atenção, desde que o li a primeira vez, disse para os meus botões: "Vou copiá-lo e manda-lo para Lucas e Lyzete". Demorei a fazer a cópia porque o texto do original estava um pouco apagado, em certos parágrafos tive uma certa dificuldade para distinguir as letras. Espero haver feito um trabalho pelo menos aceitável.

Se esse conto tocar vocês como ele me tocou, se levar para vocês nem que seja um pouco da emoção que me provocou sua leitura, tenho certeza, terá valido a pena.

Espero que me contem. Marcaremos um encontro depois de que eu receba seus comentários.[4]

Recebam um abraço afetuoso,

Carlos Arturo Molina-Loza

Belo Horizonte, 13 de abril de 1999

Mireille,

Estou lhe mandando esta cartinha porque aconteceu uma coisa muito curiosa. Apenas o outro dia você me comentava, falando de contos, que preferia àqueles em que os personagens não tinham nomes. Eu sabia que havia muitos contos desse tipo mas, no momento, não consegui lembrar-me de nenhum. Estimulado pela sua observação — deu uma cutucada na minha curiosidade— fui procurar em alguns dos meus livros antigos. Queria compartilhar com você um dos meus achados, mas, antes, gostaria de agradecer-lhe pelo estímulo. Enquanto procurava por uma história em que os personagens não tivessem nomes, descobri várias muito belas e interessantes, devo-lhe mais essa.

Quando me deparei com esta que estou lhe mandando logo disse para mim: "Ah!, não é possível, Mireille precisa ler esta história." Creio que você vai gostar, nem que seja porque sendo uma grande amiga das árvores, uma história protagonizada por uma árvore sempre será algo gostoso. Depois me conta se gostou?

Receba um grande abraço

Carlos Arturo Molina-Loza

Belo Horizonte 16 de abril de 1999

Edimar,

Não faz muito tempo que nos vimos. Não sei como tu saíste do nosso último encontro. Eu, quero te contar, saí muito emocionado e satisfeito. Senti que estavas muito disposto a cuidar de ti, a vencer a fatalidade da acomodação. Vi como vibravas diante da perspectiva de começar a dar os primeiros passos firmes em direção a tua realização como homem adulto. Tua consciência de que o caminho da realização pessoal não é fácil, mas que uma vida que não se baseie na vontade de crescer, de ser tu mesmo, não vale a pena, teve, para mim, um sabor de vitória.

Quando nos despedimos, eu não imaginava que iria deparar-me, no meio de um livro de histórias, com a história do "Leão que soube encontrar o centro do mundo", tive vontade de copiá-la para ti. Creio que vai falar para o teu coração. Espero que me contes o que achaste.[5]

Recebe um abraço com muito afeto,

Carlos Arturo Molina-Loza

Belo Horizonte, 19 de abril de 1999

Pamelinha,
Uns dias atrás vivi uma experiência maravilhosa. Eu estava viajando e quando cheguei estava escrito na minha agenda o seguinte recado: "O aniversário da Pamelinha vai ser comemorado..." Não podes imaginar a minha vontade de estar contigo e com teus pais nesse dia. Por nada no mundo queria perder essa ocasião.

Quando estava me preparando para ir pensei: "Eu queria muito levar um presente especial para Pamelinha!" Mas, naquele dia, não me veio nenhuma idéia que me satisfizesse. Resolvi ir sem o teu presente, certo de que mais dia menos dia encontraria algo digno de tão importante data.

Passaram-se os dias eu não encontrava o teu presente. Finalmente consegui algo que estava à altura da minha expectativa: encontrei a história de uma aguiazinha que me comoveu muito. Imediatamente resolvi que a copiaria e a mandaria para ti, esse é meu presente de aniversário.

Muito obrigado por todas as lições que tens nos ensinado, pede por favor aos teus pais que te leiam a historinha.

Recebe um abraço muito carinhoso,

Carlos Arturo Molina-Loza

Belo Horizonte, 22 de abril de 1999

Tarcila,

Depois do nosso último encontro, fiquei viajando embalado pela nossa conversa. Quando, mais tarde, descansando da longa jornada, procurei um livro para ler, escolhi um que havia muito tempo não lia, um livro de histórias orientais. Para minha surpresa, encontrei uma que me chamou muito a atenção e que me fez relembrar daquilo que havíamos conversado. Ao concluir sua leitura, pensei que seria uma injustiça muito grande que apenas eu usufrui-se da mensagem nela contida. Decidi transcrevê-la para ti. Tenho certeza de que vais gostar, talvez até mexa contigo assim como o fez comigo.

Quando a gente se vir de novo poderás dizer-me se eu tinha razão em desejar que a lesses. Recebe um afetuoso abraço e uma boa leitura,

Carlos Arturo Molina-Loza

Belo Horizonte, 13 de maio de 1999

Adriana,
Recebi sua mensagem reclamando do carteiro. A verdade é que ele demorou mesmo. Falando sério. Como eu lhe havia prometido, iria mandar-lhe uma historinha que, por acaso, encontrei em um velho livro da minha biblioteca. Quando a li, imediatamente tive o desejo de que você a conhecesse. Achei-a ao mesmo tempo comovente e bela. Mas tive de copiá-la, daí a demora.

Eu que a vi, no início, vestindo o cinza manto do inverno, para depois descobrir que sabia recuperar o viço e a vontade de crescer da primavera, quis que lesse a história: "Os Urso, a lua cheia e a primavera". Como lhe dizia, ela me comoveu. Se ela lhe tocar como me tocou a mim, terá valido a pena enviá-la.

Espero que, como combinamos, me mande uma cartinha falando-me da sua emoção, para que depois possamos ter o nosso novo encontro.

Receba um abraço e dê um para cada um dos filhotes.
Afetuosamente,

Carlos Arturo Molina-Loza

Belo Horizonte, 31 de maio de 1999

Querida Cecília,

Lembras que um dia falamos de histórias de bichos? Bem, eu te comentei que havia encontrado, em um livro de histórias antigas, uma da qual eu havia gostado muito. Quando a li, lembrei que tu gostavas de pumas e disse para os meus botões: "Tenho certeza de que, por falar em pumas, Cecília vai gostar da história: 'A Puminha que queria ajudar sua mãe'." Por isso resolvi copiá-la para ti e mandá-la.

Gostaria muito que me escrevesses uma cartinha contando-me o que achaste dela (e bem que podias aproveitar para me contar como vão as coisas, quero ter notícias tuas).

Espero que estejas muito bem, recebe um abraço muito carinhoso.[6]

Carlos Arturo Molina-Loza

P.S. Gostaria, também, que mostrasses o conto da Puminha para a tua mãe e que, também ela, me escrevesse contando-me. De acordo?

Outro abraço para ti (e, por favor, dá um para a mãe).

Belo Horizonte, 21 de junho de 1999

Querido Paulo,[7]

Não faz muito tempo que a gente se encontrou, mas uns dias atrás, eu tive muita vontade de entrar em contato contigo. Lembras que nos contaste que tu gostavas muito de ler e escrever, que gostarias de ser escritor? Pois bem, devo contar-te que eu também gosto, e vivo, o tempo todo, procurando novas leituras. Quando regressei de Brasília, tive vontade de buscar na minha biblioteca algum livro que tivesse histórias interessantes e bonitas. No canto em que menos mexo, encontrei um velho livro que havia muito tempo não via. Curioso, comecei a lê-lo. Minha surpresa foi grande quando encontrei a história do ***Príncipe que sabia ouvir com o coração****, quis então copiá-la para enviá-la para ti. Imaginei que gostarias de lê-la e de guardá-la.*

Eu queria que, depois de tê-la lido, me mandasses uma cartinha contando o que sentiste... que me contasses o que achaste da história do príncipe. Assim quando a gente se encontrar de novo, eu já saberia tua opinião. Gostaria muito que a mostrasses à mamãe e ao papai, fala com eles que também é para me escrever contando dos seus sentimentos. Podes me fazer esse favor?

Bem, recebe um abraço bem grande (dá um beijo grandão no papai e na mamãe e outro nas maninhas).

Com carinho,

Carlos Arturo Molina-Loza

Belo Horizonte, 21 de junho de 1999

Suyan e Rogério,

É muito provável que vocês não estejam esperando esta cartinha [melhor dizendo seria totalmente improvável que a esperassem]. Para dizer a verdade, eu tampouco imaginava que iria escrevê-la. Acontece que o encontro com Paulo foi, para mim e para as pessoas que estavam comigo, além de muito emocionante, muito bonito. Tive vontade de comentar algumas coisas com vocês e, como às vezes acontece com os terapeutas o que com os goleiros, temos sorte, encontrei este conto: "O príncipe que sabia ouvir com o coração". Foi algo totalmente casual, nem sabia que esse conto existia. Ao lê-lo, saberão porque mexeu comigo e, também, porque quis enviá-lo para vocês.

Gostaria imenso que me contassem, através de uma cartinha, o que sentiram ao lê-lo. Agradeço-lhes de antemão.

Enquanto o momento de revê-los não chega, recebam um abraço muito afetuoso,

Carlos Arturo Molina-Loza

Belo Horizonte, 20 de julho de 1999

Rosa,

Uns dias atrás, se não estou mal lembrado, comentei com você que havia encontrado um texto. Seu nome é "A Rosa que havia perdido a alegria de viver". Ele me fez lembrar de você e das nossas conversas. Assim que terminei de lê-lo, disse para mim: "Deveria copiá-lo e enviá-lo para Rosa. Acredito que ela vai gostar." Demorei, mas, finalmente, aqui está. Como as páginas do livro do qual o copiei já estão meio gastas —é um livro muito antigo— é provável que o trabalho do copista seja um pouco deficiente. Conto com a sua indulgência. Nada impede que depois, com mais vagar, eu faça uma cópia sem erros.

Gostaria imenso que, imediatamente depois de ler a história dessa Rosa, escrevesse para mim, contando-me sobre as emoções que a leitura do texto suscitaram em você. Pode ser? Agradeço-lhe de antemão.

Receba um afetuoso abraço,

Carlos Arturo Molina-Loza

Apêndice II

Um presente especial

Hoje eu estava com um aperto no coração, não sei explicar era uma tristeza, vontade de chorar até parecia depressão, ao final do dia quando eu menos esperava, recebi um presente especial: "A moça que buscava seu gênio" [ver página 13]

Posso estar ligeiramente equivocada, mas ao ler "A moça que buscava seu gênio", tive a certeza de estar lendo o retrato de minha alma. Reli no ônibus, meus olhos encheram-se de lágrimas, segurei as lágrimas. Pensei que as pessoas estivessem olhando-me e a pensarem que eu estava lendo uma carta de despedidas, quem sabe? Por isto eu estava chorando. Talvez a leitura não era uma despedida e sim a continuação de um novo caminho.

Chegando em casa li e reli êne vezes... ("Quando Eline nasceu... pessoas correndo de um lado para outro... preocupações... caos...") Isto significa muita gente da minha família, eu sou a sétima contando em ordem decrescente, realmente é mesmo muita confusão. Minha mãe naquela época já não tinha condição financeira para nos dar "conforto", abaixo de mim ainda vieram mais quatro irmãos. Desde "pequena" sempre fui mesmo esquiva e ficava muito quieta, inclusive em épocas de escola, em que eu era desrespeitada pela professora Lucrécia, no colégio B(...), no ano de 1974, a mesma não gostava de mim, colocando-me na última carteira, em uma classe com aproximadamente 50 colegas, pois eu era a mais alta, mas ela esqueceu que eu tinha apenas oito anos e também não sabia que eu tinha dificuldades para enxergar de longe. Então, eu realmente me escondia, pois eu tinha vergonha de ser a mais alta; eu era dispersa, apática. Lembro quando a supervisora —tia Clara—, falou para minha mãe que eu era uma "lesma". Eu não fazia os "para casa", não sabia as matérias; durante o recreio eu ficava sozinha, de castigo em sala de aula, fazendo cópias. Minha mãe descobriu que a professora não gostava de mim e mudou-me para o turno da manhã. Eu tinha medo da tia Francinette, ela é alta e já me sacudiu, porque eu não soube fazer um problema de matemática no quadro. Matei aula três dias seguidos; eu ficava nas mediações abaixo do colégio, tentando esconder-me. Minha mãe descobriu e me bateu muito. Também aprendi a tabuada de multiplicação à base de beliscão, eu tinha medo das minhas professoras. Talvez eu possa mesmo ter sido a responsável, pois sempre fui alta, então tinha que dar conta do recado.

"Um grupo de Pastores..." Fui parar na escola especial Clínica P(...), me levaram com eles, onde cresci dos 09 aos 19 anos, com reprovações em séries. Também eu tomava conta do recreio como forma de ajuda, já não tinha mais a minha mãe, havíamos perdido as bolsas de estudos que mamãe conseguia; meu pai não tinha nunca dinheiro para pagar os estudos, então ajudava como forma de bolsa.

"Um dia..." uma conhecida contou-me de um forasteiro feiticeiro, tive e tenho mesmo muita resistência, muito medo de encontrar-me com o mago e feiticeiro Loza, como ele sabe, decidir a enfrentar o medo. Ao chegar no local pensei em encontrar um "Poderoso Hipnotizador" e que ao acordar, meus problemas estariam solucionados, agora reconheço porque as pessoas me chamam de inocente.

Eu só queria aquele primeiro encontro com o "poderoso Hipnotizador" e cascar fora no cerrado, mas o mago Loza não me deixou escorregar, o que até hoje tento fazer, pois "com muito cuidado, carinho e paciência", ele não me deixa escapar; às vezes sinto que eu o conheço há muitos milhões de anos. O local tem mesmo um tantão de objetos que me atraem, inclusive muitos dos objetos sempre tive no quarto que moro; algumas pessoas até me chamam de quinquilharias, muvucas.

Em toda minha vida, sempre gostei da lâmpada do gênio, mas naquele local a lâmpada despertou-me muita emoção, mais ainda porque o mago disse-me que ela "funciona", quis logo ter uma, fiquei fortalecida para a vida, cheguei a ficar um pouco mais magra, mais bonita, com um sorriso transparente para eu mesma, fiz muitos projetos, dentre um deles cheguei até a pensar que eu estava dentro da universidade.

De repente fui à imensa feira, andei, perguntei, até encontrar a bendita lâmpada que trouxe comigo, (inclusive neste momento estou olhando para ela). Um dia eu disse ao mago que no mundo inteiro só existe uma verdadeira lâmpada que é a dele. Com sua sabedoria ele respondeu-me que eu também tenho uma lâmpada, que é a do coração. Agora entendo quando me pergunta se eu estou disposta a ajudá-lo e já sei como lhe responder: é abrindo realmente o fundo do meu coração.

Não quis e não quero mandar o meu feiticeiro, forasteiro, mago, gênio Loza, como ele mesmo diz "pastar", e sim eu é quem tentava desligar, quem sabe até "pastar".

"A moça que buscava o seu gênio", ao ler o texto, ficou muito fortalecida com imenso "Desejo de abrilhantar mais e mais minha luz interior e trilhar novos e desconhecidos caminhos". Ela já encontrou seu gênio.

Quero fazer-te uma perguntinha, se preferir responda-me apenas com o teu coração a história da---------- Eline, como pode parar ou chegar nas livrarias? Só se for na livraria do teu coração, né...?

Gostaria de te dar um forte abraço e agradecer-te por não me deixar escapulir para os "pastos" da vida.

Valeu tá!!

Eline

[Depois de ler seu conto, Eline entregou-me um texto que havia redigido para servir de guia em uma representação teatral que ela iria realizar. O fez para mostrar-me qual havia sido seu sentimento anterior. Eis a sua transcrição.]

Março/99

Personagem que escolhia ser apresentado durante o segundo período no N.E.T.

Nome: Vera Lúcia Iglesias – 42 anos – 2º grau completo- Divorciada – natural de Belo Horizonte – MG.

Pai: César Iglesias – 80 anos – aposentado

Mãe: Marta Murta Iglesias – Falecida

Verinha foi morar em colégio interno desde os 13 anos e durante o período de 13 a 23 anos ela descobriu o gosto amargo da vida, longe de sua família.

Desde o início do internato começou a usar bebida alcoólica como fuga, no colégio já era rotulada como líder negativa, pois levava suas amigas para desobediência, trapalhadas, etc.

Quando vinha para casa nos finais de semana, não dava sossego para sua mãe, indo para os bares encher a cara, voltava carregada pelos amigos.

Aos vinte e nove anos, perde a mãe, a revolta se torna ainda maior, indo de encontro ao mundo das drogas.

Os irmãos de Vera, tentando ajudá-la, mas a mesma recusa.

Aos trinta e dois anos quis ser internada para fazer tratamento de desintoxicação, tentar encontrar sua pessoa, sua personalidade, seu referencial, pois até hoje Vera não sabe qual a sua identidade. Ficou no hospital durante seis meses, durante este período passou por drásticos momentos com crises por falta da bebida e da droga, tomou choque elétrico e sossega leão. Dizendo estar preparada para o mundo lá fora. Ao sair do hospital foi direto para o bar, voltando cambaleando, se jogando na varanda de sua casa, seu pai já idoso tendo de pegá-la no chão dando-lhe banho frio e café.

Vera já tentou suicídio três vezes, tentando cortar-lhe os pulsos com estilete.

Vera é uma pessoa inteligente culta, mas não sabe desfrutar dos prazeres da vida, talvez por medo de ser feliz.

Hoje com 43 anos mora com sua família, ganha R$200,00 de pensão, mais os bicos que faz, junto de seu amigo computador. Continua nesta vida, inclusive tentou ajuda no "A.A.", mas não sabe como conseguir se libertar. Seu maior sonho é suicidar.

Sou amiga dela, mas nada posso fazer sendo que ela mesma não consegue se ajudar.

[Eline também havia redigido uma "crítica" ao seu processo terapêutico. Ela fez questão de me a entregar para que eu visse o contraste que fazia com seu comentário ao conto.]

Terapia – ciclo vicioso

Motivo: com mais de um ano em tratamento, os mesmos assuntos estão sempre vindo à tona, parecem ainda estar agarrado.

- *Exemplo: Faculdade, vestibular, cursinho, capital R$.*
- *Corpo defeituoso: complexos, não aceitando, não assumindo outras partes. Masculino, Feminino. Sem que haja complementação de ordem natural. Organização transtornando tanta confusão e nenhuma aceitação, receio em deixar ser, o que é.*
- *Referencial de residência, estar no local e não morar no local, não gostar, não assumir o local.*

Março/99

[O texto a seguir, acompanhou os outros. Depois receberia o seu comentário ao conto.]

Minha vida é um rascunho que eu nunca vou passar a limpo.

Risco, rabisco, volto, avanço, penso em corrigir, organizar, limpar mas... encosto, esqueço e tudo continua como está.

Até quando?

Valei-me oh Deus!

Como meus papéis, minhas gavetas, minhas coisas, coitadas, coitada (de mim) eu, vítima delas, ou elas de mim?

Esse apego ou minhas pobres coisas, encostadas, engavetadas, mofadas, mal lidas, nunca relidas, às vezes, talvez, mas à espera de Quando?

Eline

PS. 16/08/85 rescrito em 30/08/85

“Tudo o que se faz com o coração se torna fácil”

Molina,

> *“Quando um terapeuta está imerso no fluxo de emoções e sentimentos provocados pelo encontro íntimo com seus clientes, sua mensagem sai carregada de afeto e é imediatamente vertida nessa mesma intimidade.*
> *A mensagem afetiva passará diretamente, não deixará brechas para a crítica consciente, nem a sua própria nem a dos clientes.”* Você já sabe de quem é esta citação? (*Destino familiar, desatino terapêutico...* p. 86.)

Assim, também, sua carta não seria jamais diferente do que é.

Foi necessário esperar sedimentar a emoção primeira, para então procurar respondê-la [ver página 29].

—É linda.

“Que linda metáfora essa para uma mãe: árvore.” (Rubens Alves, *Concerto para Corpo e Alma*, pg. 51.)

—Sua carta chega tão delicadamente com uma “estória” na qual reconhecemos todos, sob a forma mais poética e metafórica, nossa história terapêutica, vivida e retratada da maneira mais verdadeira. Através dela pode-se “ver”, como em um filme, o seu desenrolar e o seu desfecho.

Terapia essa, feita sem pressa, cuidadosamente, elaborada e conduzida de tal maneira que compará-la se pode a uma gestação.

Sim, uma gestação bem acompanhada, orientada e assistida, levada a bom termo e finalmente a um parto saudável e natural (sob os olhos e coração atentos, mãos firmes, porém ternas, de um profissional íntegro e competente.)

—Hoje entendo o porquê do seu enfoque: *Andar de bicicleta ou Terapia Familiar é Fácil.*

Tudo o que se faz com o coração se torna fácil, somem-se a isso, vocação, intuição, vastos conhecimentos, fruto de muito estudo, trabalho e experiência, como poderia ser de outra forma?

—Isabel Allende, em *Paula*, descreve: “Minha mãe se agarrava aos filhos com a força da solidão.”

Árvores também, muitas vezes se agarram a pássaros, ou seria, agarram seus pássaros, impedindo-lhes o vôo?

Momentos houve, na terapia, de incertezas, medos, indecisões, apatia, pausas, recomeços. Houve-os, também, de muita esperança, descobertas, transformação e, finalmente, crescimento. Muito crescimento.

O final da "estória" foi feliz. O final da "história" foi o de uma nova estrutura familiar, "encaminhada para soluções alternativas melhores e mais saudáveis". Resgatando-se o amor próprio, a confiança, o respeito, o apoio mútuo e criando-se a possibilidade de cada um trilhar seu próprio caminho.

Molina, permita-me divergir (não sei se de Maturana ou do seu discípulo): não consegui ver no terapeuta um "mero parceiro privilegiado". Atribuo a ele, sim, o poder da transformação. Bendito seja.

Árvore.

P.S.

Quando o medo me visita,
a angústia me encara
ou a paciência viaja,
eu me faço menino
e peço ao
Anjo da Guarda,
que faça tudo por mim.

(Bartolomeu Campos Queirós)

Ao terapeuta atribuo, também, o papel de "Anjo da Guarda". Assim, se um dia o medo me visitar, a angústia me encarar ou a paciência viajar, sabendo que cresci, pedirei a meu "Anjo da Guarda" não que faça *tudo* por mim, mas que faça *algo* por mim.

Com a amizade,

Árvore.

“O final dela é tudo o que eu quero na vida”

Molina

Realmente eu gosto muito de ver a Lyzette sorrindo. Para mim, estando no mato, é como uma frase: estando no mato, estou com Deus. Se ela estivesse comigo seria o mais feliz e estaria completo. Ontem eu estava lá sozinho, e pensando que ela estava em casa (praticamente sozinha) e podíamos estar desfrutando juntos de toda aquela beleza.

Mas uma coisa boa aconteceu: eu fui sozinho, passei o dia lá, e fui recebido com cara boa e aquele sorriso bonito. (Apesar das perguntas querendo me mostrar que é ruim ficar onde se gosta, e como é que eu sentia aquela natureza tão sombria.)

Eu fiz de conta que não era para mim e tudo ficou bom. O meu sonho é que houvesse mesmo uma aceitação do meu modo de ser, e do que quero.

A “rocinha” não é aceita de forma nenhuma, assim como os projetos que faço para lá, são todos ruins e nada vai dar certo.

A sua história é muito bonita, super bolada, e o final dela é tudo o que eu quero na vida [ver página 35].

Obrigado,

Lucas

“Senti um real crescimento da minha parte”

Molina

Durante a leitura do texto, a todo momento voltada para a minha vida, meu viver. Senti em alguns momentos que o texto tinha sido escrito por você, contando a história da minha vida e do Lucas, as nossas diferenças, o nosso querer, o nosso desânimo, a nossa postura (radical) frente as decisões, as nossas reações alérgicas diante do território do outro [ver página 35].

Cheguei a rir na parte do “enjaulado” e pensei que é dessa forma que o Lucas sente, enjaulado e dominado.

Senti um real crescimento da minha parte em relação ao “ver quem tem razão e baixar a guarda”, pois hoje isso não é o que busco; porém as palavras da Coruja mexeram mais comigo: passar da tolerância para a aceitação.

Pensar em “aceitação” implica de ambas as partes, porém vejo que a estrada, o caminho tem que ser único, a forma de caminhar, de trilhar é que são diferentes levando a um único local onde se encontre ternura, aceitação, esperança e amor.

Lyzette

Em terra de Águias, quem enxerga mesmo é Coruja

A boa amiga Coruja, conhecida por sua grande sabedoria em pelo menos três dos quatro cantos do mundo (acho que falta o oriente, onde todos, além de terem olhos bem pequenos, têm costumes e crenças bem diferentes), deu à Aguiazinha um precioso presente por ocasião do seu segundo aniversário! [Ver página 43]. Tão precioso, que a Dona Águia tomou-o para si, guardando-o no mais seguro cofre de seu coração. Algum dia, certamente, ela o entregará à filhinha, quando esta souber apreciá-lo. Sim, saibam que foi a própria Coruja quem escreveu aquela história, retratando fielmente o que viveu aquele casal de Águias, com suas aguiazinhas. Mas, por uns tempos, D. Águia, que lia e relia a história, achou que ela terminava ali, com um final feliz, um "viveram felizes para sempre"... E começou a ficar baratinada, sentindo a responsabilidade de cumprir o impossível mandato do epílogo, de ter que viver sendo e fazendo as outras aves da família felizes para sempre - quem dera...

Quando somos crianças, lemos nos livros que o príncipe se casa com a camponesa e vivem felizes para sempre. É a grande vitória sobre todo o mal. A história realmente acaba assim. Depois que a gente cresce, vê que o grande drama da vida dos protagonistas vai apenas começar, exatamente ali.

Tanto em histórias de príncipes quanto na das Águias, do que se pode ter certeza é da consolidação de um grande amor - um bom começo!

E Dona Águia pensou: "Será que a Coruja acha mesmo que está terminada esta história, e que daqui prá diante tudo será felicidade? Mas nossa luta está apenas começando! Vencemos sim as primeiras batalhas, fizemos com grande êxito as primeiras conquistas. E a Coruja deve saber que sua contribuição para isto foi vital. Mas será que ela espera que a família Águia possa prescindir de suas sábias e confortantes intervenções daqui prá frente?"

É sabido que as águias enxergam bem longe, sim. Mas há momentos de escuridão em que elas deveriam estar quietas em seus ninhos, mas são dali desacomodadas por intempéries. E só quem tem olhos enormes e capazes de enxergar no escuro pode ajudar a reencontrar a segurança e o conforto que só existe no ninho. Então D. Águia foi ter com a Coruja novamente, e surpreendeu-se com a sua disponibilidade para continuar a perscrutar todos os cantinhos da escuridão que fosse necessário, ajudando para que as Águias pudessem continuar a viver e a cuidar de suas Aguiazinhas. Quem sabe cada uma das personagens possa então um dia, do topo de suas vidas, olhar para trás e ver que através dos vales, montanhas, ***rios e mares,*** a trajetória valeu a pena? Então deverá haver um final feliz em algum lugar.

Dona Águia
Obs: É só um ensaio...

"Só eu estou no centro da minha vida"

Molina

Espero não estar escrevendo tarde, mas é por que estou cada vez mais apertado com as coisas da escola e ainda tem minha mãe e minha namorada, que já não estão mais no centro da minha vida. E você sabe quem está? Eu mesmo, só eu estou no centro da minha vida. Fiquei feliz em receber sua carta, e te garanto o conto que você me mandou me ajudou bastante [ver página 49].

Passei a pensar mais em mim e deixei de me importar mais com os outros, e está me fazendo muito bem. Também fiquei feliz em saber que vai editar o seu próximo livro, eu quero um e te desejo muita sorte com o seu novo trabalho.

Agora estou me preparando para o estágio (...) que vai começar em maio e as coisas na escola estão apertando, não sei se é coisa minha, mas estou cada vez mais cansado com a escola, estou com muito sono e cansaço mental. Mas ainda estou me esforçando muito pois sei que preciso disso mais na frente. Desde já vai um abraço e te agradeço por se preocupar comigo nesse momento da minha vida.

Um abraço e boa sorte com seu livro.

Edimar

“A sensação foi a de me encontrar... a cada linha do texto”

“Olhando para o passado, a princesa observou tudo aquilo pelo qual tinha passado. E lembrou-se do homem que a observava em silêncio na tenda. Percebeu que ele esteve ao lado dela não só ali, mas em todo o caminho que ela percorreu...”

O conto teve, em mim, diferentes reações, cada uma delas em um momento específicos, e gerou diversas sensações.

Ao receber a história, numa madrugada dessas que imaginamos que nada mais pode surpreender-nos, a sensação foi a de me encontrar, a cada linha do texto, e de descobrir-me como uma espectadora que descobre fazer parte do show. E foi regozijante sentir que ali estavam, tão bem encaixados e entrelaçados, vários momentos, angústias e dúvidas que povoaram os encontros que tive com aquele homem, já não tão silencioso. Esta reação se perpetuou em meus sonhos e no dia-a-dia, após a primeira leitura.

No encontro seguinte com você, Molina, pude compartilhar todas as sensações, discutir e lhe passar todas as minhas impressões, conseguindo então entender melhor não só o conto, mas as próprias reações que ele me causou. E aí, cheguei à conclusão de que esse conto era, de alguma forma, parte de mim mesma. E que, a cada leitura, eu encontraria mais um pouco, mais um pedaço da princesa que me contava experiências e histórias que ela já tinha vivido.

E é por isso que, em cada diferente momento, o conto me traz diferentes informações, diversas reações e sensações, fazendo-me reviver a mim mesma e reencontrar meus medos, angústias, alegria, dúvidas, e poder enxergar como destrinchei cada caminho em relação a cada leitura passada.

É como um daqueles livros que cada nova leitura nos faz criar novas imagens e nos mostra aquele detalhe que não percebemos antes. Um livro que nos segura, do início ao fim, pois queremos saber como ele vai terminar. Neste caso, tenho em minhas mãos a chance de interagir, e agradeço ao homem da tenda por me proporcionar esta maravilhosa chance.

A Princesa.

“Estou adorando sair do fechado para balanço”

[Esta carta foi escrita pouco antes de que eu mandasse o conto para Débora. Resolvi transcrevê-la porque contribui para ilustrar o processo terapêutico tal qual foi vivido.]

Belo Horizonte, 12/maio/99

Carlos Molina,

Será que estou de *castigão*?!!

Você ficou de me mandar um texto pelo correio e eu só poderia voltar no seu consultório depois de te escrever os meus sentimentos sobre ele e etc. e tal. CADÊ???

Desde que li seu livro DESTINO FAMILIAR, DES**ATINO** TERAPÊUITICO (li, não, devorei e adorei) fiquei com a história da “Socorro” na minha cabeça. Achei o máximo e também super criativo esta idéia de terapia escrita! Resolvi então te escrever e esperar para ver se você me tira do *castigão*.

Fui ao seu consultório por indicação da escola do Danilo. Desde que maridão morreu sua letra tinha diminuído e seu comportamento na escola estava agressivo (em casa também). Já havia tentado que ele fizesse terapia com a Sônia lá na clínica e ele foi algumas sessões depois não foi mais de jeito nenhum. Ela já tinha sugerido que eu fizesse, e eu achava que já tinha feito terapia de mais na minha vida e não estava com vontade de cutucar nas minhas dores (é o que eu chamo na fisioterapia de EQUILÍBRIO ESTÁTICO). Fui aí por causa do Danilo e com uma ENORME resistência.... (OBRIGADO DANILO!!!)

Na 1ª sessão você me fez ver meu filho, acreditar no meu filho, e AMAR GRANDÃO... Eu pude sentir sentimentos fortes de novo sem dor!!! Vi você sentado ao lado dele{vivendo, vendo um livro sobre bichos, com duas tartarugas lindas soltas pela sala, cheia de livros, de lembranças de {clientes, pacientes, amigos, que passaram por ali com perdas, dores esperanças, raivas, frustrações e principalmente alegria, vida, movimento, força etc...

Você me disse no final, que surpresa, para voltar sozinha na próxima semana e me vi concordando e esperando o dia chegar. O Danilo era só um sintoma e mais uma vez ele conseguiu me desinstalar, me fazer movimentar, ele queria sua vida em EQUILIBRIO DINÂMICO e eu também.

Já fui aí mais ou menos 4 sessões e estou adorando sair do "FECHADO PARA BALANÇO". Aprendi muitas coisas, tenho me sentido mais inteira, consegui sair um pouco da minha armadura e começado a andar devagar, porque já estive parada. "SAUDADE ATÉ QUE É BOM, É MELHOR QUE CAMINHA VAZIA. A ESPERANÇA É UM DOM QUE EU TENHO EM MIM, EU TENHO SIM!"QUERO CONTINUAR!!!

Meu afeto

Débora

19 de maio de 1999.

PS: Você já me ligou e já mandei buscar a crônica. Te mando a outra carta amanhã. Obrigado.

Débora

“Foi um dos momentos mais bonitos da minha vida”

Caro grande urso sábio, recontador de histórias, Carlos Molina...

Você é uma pessoa muito especial! Nada do que eu tento escrever chega perto da emoção que eu senti ao ler a história, a minha, da forma como você a escreveu. [Ver página 63] Foi um dos momentos mais bonitos da minha vida!!!!!

Como você sabe, só fui te procurar porque meu filho apresentava algumas dificuldades de comportamento (na escola e em casa), nunca por mim. Na primeira sessão eu já estava ciente (quando saí) que o seu problema era só um sintoma da forma como eu estava me posicionando frente a falta física grande urso. Dona Úrsula tinha que trabalhar muito para providenciar o sustento dos filhotes. Não reparei que deixei de abraçar, de beijar, de brincar, de rir, de ser eu mesma, porque a dor da falta era tão grande que eu tinha medo de sentir. No plano superficional eu funcionava muito bem, resolvia tudo, reorganizei a casa, etc. e tal... mas a nível de emoções nem pensar... estava tentando ser pamãe, mapai... Você me mostrou que eu não precisava agir assim porque meus filhos tinham pai, aliás um paizão, que podia não estar presente fisicamente, mas estava presente nos nossos corações, nas nossas brincadeiras, na nossa pele, no nosso coração, no nosso dia a dia, e que nada ia tirá-lo dali. Era a nossa herança! Eu podia ser só mãe, e sendo só mãe eu podia ter mais tempo para mim, eu podia voltar a dançar, a ir ao cinema, a rir de uma piada, a sentir... eu podia tanta coisa... e o mundo voltou a ser pequeno para meus sonhos, meus planos.

Aprendi que ser mãe é ser chata de manhã, uma bruxa de tarde e a melhor pessoa do mundo em muitos momentos e a passar por tudo isto com tranqüilidade, porque ser mãe é educar, colocar limites, abraçar, beijar, dar colo, deixar claro que sofá é feito para sentar, que o para casa tem que ser feito...

Ah, esqueci de contar, que depois de me levar até você o meu filhote melhorou seu comportamento, sua letra (que estava miúda e ilegível) está linda (coisas de mãe ursa)... Obrigado meus filhos por me desistalarem e me empurrarem para frente, cada uma seu modo, me levarem a procurar ser inteira de novo.

Hoje, depois de 10 meses, ainda choro, mas é um choro de saudade e não de vazio. E eu tenho muito orgulho da minha história, porque foi de amor. Eu sei que eu e todos os filhos do grande urso fomos sortudos por ter vivido e dividido com ele a sua vida, que foi intensa.

Obrigado, Carlos Molina, por me recontar a minha história.

Dona Úrsula.

"Esta história é igual à minha"

17 de junho de 1999.

Molina,

Eu gostaria que não entrasse de férias contigo, pois eu gosto de fazer terapia aí.

Gostei de ter recebido a sua carta e o seu e-mail, pelo menos recebi uma mensagem e não propagandas, que é o que mais recebo.

Como você sabia que eu estava carente de um e-mail?

Eu gostei do conto da Puminha, já sei porque você quis pegar logo este conto... pois esta estória é igual a minha, [ver página 71] mas só que o final não é assim, as Puminhas vão mudar para [...]Elas não vão ficar em Belo Horizonte. Você vai nos visitar lá no nosso apartamento, anota aí: [............................].

Não telefone nem vá lá agora, pois ainda estou aqui, sorte sua. Anote o daqui: [..........................] estou te esperando!

Até amanhã!

Bom, como sou econômica, a minha mãe vai escrever depois.

Cecília

“Consegui captar tudo e mais um pouco”

Molina,

Desculpe-me pelo atraso, pois há tempo que recebemos o conto e somente agora estou lhe retornando [ver página 71].

A Puminha já respondeu há algum tempo, e finalmente estou lhe enviando agora, pois como você sabe, escrever não é o meu forte.

Quando pedimos uma indicação de um terapeuta de família fomos muito felizes com a mesma, pois nos foi indicado “uma coruja”, ou melhor dizendo, um terapeuta muito especial.

Adorei o conto, você realmente é uma pessoa muito sensível e também, possuidor de uma percepção fantástica. Conseguiu captar tudo, e mais um pouco, traduzindo para nós muitas coisas que não entendíamos, outras que não queríamos ver, ou mesmo, que não conseguíamos enxergar.

Hoje, a Puminha, está realmente tranqüila e muito, muito feliz. Se beneficiou muito com a ajuda “da coruja”, e está cada dia melhor.

Molina, você conseguiu nos fazer crer, que independentemente de onde morássemos, se estivéssemos bem conosco, consequentemente, estaríamos bem com o mundo a nossa volta.

Muito obrigada e um grande abraço,

Rebeca

“Eu me senti alegre e feliz... esta história parece com a minha vida”

Brasília, 24 de junho de 1999.

Querido Molina,

Eu recebi sua carta, foi uma surpresa boa! Até reparei que seu sobrenome L*oza* conbina con o meu Mort*oza*.

Eu li a história que você copiou do livro “O príncipe que sabia ouvir com o Coração” [ver página 77]. Eu me senti alegre, feliz, forte e vitorioso. E eu contei para as minhas maninhas Anna e Bhya. Elas adoraram o texto e mandaram um beijão para você.

Eu me senti emocionado. Esta história parece com a minha vida. Mamãe e papai também se sentiram emocionados, minhas irmãs e Lena também.

Eu levei a história para mostrar a Lena. Ela me disse que você conhece ela. Ela leu a história para mim de novo e me perguntou se eu tinha jogado toda a minha vergonha fora? Eu respondi que ainda tinha um pouquinho de vergonha dentro de mim. Então, ela me perguntou: Você quer jogar este pouquinho de vergonha fora? Eu respondi: Sim. Aí, Lena pegou um saco de lixo. Eu pus a mão no meu coração e arranquei o pouco de vergonha e joguei no saco de lixo. A Lena fechou o saco e levamos para fora e o caminhão de lixo levou o saco embora.

Eu me sinto alegre, feliz e vitorioso da vergonha!

Obrigado pela ajuda da conversa, porque foi muito bom conversar com você!

Um grande abraço,

Com carinho,

Paulo Sugai Mortoza

"Nos sentimos particularmente valorizados... amados!"

Brasília, 28 de junho de 1999.

Querido Molina,

Eu me senti muito feliz ao ver o envelope que você nos mandou! [Ver página 77.] Ao ler o que continha: Senti até um calor, queimor, borboletas na barriga!

Por lhe conhecer um pouquinho nada me foi improvável! Eu, Rogério e Paulo que degustamos mais das cartas e da história, nos sentimos, particularmente, valorizados, envolvidos 100%, e porque não dizer, amados! Eu e Rogério sentimos muito orgulho de sermos pais do Paulo e estarmos jabutizando nesta linda história de amor! Eu, particularmente também senti imensa ternura e carinho em cada palavra escrita, senti-me sensibilizada pela carga de afeto de todo o conteúdo que me fez sentir amada e apoiada.

Precisamente, quanto á história, vou lhe confessar minhas altas gargalhadas ao me ver, ver Rogério, Paulo, a rubéola, a Lena, Você, e o Amor/Deus. Foram gargalhadas carregadas de emoção-alegria e alívio pela certeza do final feliz. Outras altas gargalhadas também dei da sua invenção: "Biblioteca, velho livro, sorte de goleiro, algo totalmente casual, etc.", mas só para mim não colou!

Posso lhe afirmar que a história está perfeitamente personalizada, seus personagens, idéias e sentimentos se encaixaram como uma luva, e que imensa alegria também me envolveu ao me dar conta que esta mesma história tão bem escrita, é um valioso instrumento de apoio para tantos principezinhos especiais, famílias de jabutis, e majés que estão nesta caminhada! Nunca duvide disto e acabe logo este livro de histórias para que possamos comprá-lo e desfrutar com você do seu sucesso!

Muitíssimo obrigada por nos ter proporcionado tal vivência!

Com muito carinho,

Suyan

“Tentei empunhar a minha espada...”

Caro Molina!

É ao mesmo tempo muito bom e muito difícil rever nossas histórias de vida escrita de forma tão clara, tão bela e sobretudo verdadeira. O conto me fez relembrar quando foi feito diagnóstico da Rubéola a 12 semanas da gestação, período mais crítico para o feto, eu como médico, tentei “empunhar minha espada...” mas realmente era inútil contra a “bruxa Rube”, só nos restava esperar e confiar em Deus. Paulo veio e com ele ainda a esperança de que ele não tivesse sido atingido pelo vírus, mas aos 6 meses ficou confirmada a surdez. Chorei muito, choramos muito..., contudo por pouco tempo, logo arregaçamos as mangas e saímos atrás de ajuda, e não foi da primeira vez que acertamos, foram necessárias três idas a São Paulo. Só quando encontramos a Lena, é que acertamos, o que confirma que é *a pessoa* que faz a diferença.

O que mais me chamou a atenção no conto foi a sua sensibilidade para o fato mais importante no crescimento do Paulo: o nosso amor, tantas vezes evidenciado no conto, o amor entre eu e Suyan e entre nós e o Paulo.

O Paulo para mim sempre foi e sempre será um ser humano completo com todos os instrumentos que necessita para realizar-se como tal. Nunca senti pena dele, porque deste sentimento ele não necessita, necessita sim, do meu amor.

Obrigado pela oportunidade de rever neste conto os melhores momentos de minha vida em família, pois foram estes desafios que deram e dão força para melhorar e conduzir minha família num mundo repleto de tempestades.

Um grande abraço cheio de gratidão!

Que Deus o abençoe!

Rogério.

"Eu cheguei a chorar..."

Brasília, 29 de junho de 1999.

Caríssimo Molina,
Foi uma alegria falar com você e saber que a idéia de escrever-lhe era uma boa. Vou relatar tudo que aconteceu e de antemão posso lhe afirmar que foi das experiências mais interessantes que vivi tanto como profissional como pessoal.[8]

Há uma semana (dia 23/6) o Paulo chega na minha sala trazendo alguns papéis e a mãe se adiantou em explicar: "é uma carta e uma história que o Molina enviou ao Paulo. [Ver página77.] A carta é linda, quanto a história ainda não tive tempo de ler". Nesta hora o Paulo se encarregou de completar as informações da mãe dizendo: sabe, eu fui lá num encontro com o Molina, você conhece ele, não é? E agora ele me escreveu mandando um texto que ele encontrou num livro velho, é uma história — "O príncipe que sabia ouvir com o coração". Pelo título eu já fiquei curiosa e deduzi que tinha algo com surdez e então disse: "vamos quero ver logo o que está escrito" e Paulo me deu primeiro a carta, eu li e já gostei da maneira como você escreveu. O mais interessante é que eu como o Paulo acreditei que de fato você havia encontrado aquela história num velho livro. E quando comecei a ler o texto em voz alta para o Paulo reler comigo, ele me adiantava alguns fatos como —tem uma bruxa malvada que se chama Rube. E me contou que havia lido para sua irmã Anna — perguntei, "ela gostou"? Ele disse, "sim".

À medida que ia lendo minha voz, em alguns trechos, ficava fraca e, no momento da confirmação da surdez do príncipe, eu cheguei a chorar pela forma delicada como você escreveu de algo que sei ser tão duro para mim que tenho dois irmãos surdos e o quanto a minha família sofreu em busca de ajuda. Nesta hora olhei para o Paulo, que também estava emocionado, e comentei: "eu estou muito emocionada é uma história muito bonita". Daí fiz algumas perguntas: "você sabe quem é o rei e a rainha"? Paulo disse — "é meu pai e minha mãe. Ele falou: "e a jabutizinha que faz muitas perguntas é a Anna". E o príncipe? Ele respondeu — "sou eu". Ele me perguntou: "você sabe o que é pajé?" Eu respondi "'sei". Ele falou "a magé o feminino de pajé".

Então, perguntei-lhe: "quem é a majé?" "Pode ser a Lena", respondeu.

Paulo me disse "hoje vou ler a história para Bhya, ela gosta ouvir história". E nesta hora eu lhe perguntei? "Você já conseguiu jogar toda sua vergonha fora?" Ele disse: "não, ainda tem um pouquinho". E perguntei-lhe: "você quer jogar este pouquinho fora?" Ele disse: "sim". Eu lhe disse: "põe a sua mão junto ao seu coração e tire o resto da vergonha e joga aqui neste saco de lixo." Ele pôs a mão junto ao coração e fechou a mão ao retirá-la e jogou dentro do saco e falou olha a vergonha lá dentro e eu disse "vamos fechar bem o saco para essa vergonha não sair e vamos juntos levar o saco lá fora para o caminhão de lixo levar embora a vergonha." E juntos levamos o saco de lixo. Eu comentei: "essa vergonha está muito leve, é pouquinha." E percebi que o Paulo ficou aliviado e sentindo vitorioso.

Perguntou por uma pessoa que é surda e que ele encontra sempre na sala de espera e eu percebia que ele tinha vergonha quando ela se dirigia a ele. "Cadê a fulana? Ela não vem hoje?" Relatando o fato para meu marido ele concluiu: "ele estava doido para conversar, mostrar que não tem mais vergonha".

Gostaria de dizer que senti alegria e uma sensação de ter conseguido com a família do Paulo o, que sempre desejei no meu trabalho como fono especializada em ajudar pessoas surdas que é, aceitar, que o surdo é diferente do ouvinte, mas tão capaz e com toda possibilidade de ser cidadão respeitado e feliz. Não esqueço a primeira vez que Paulo chegou na minha sala, um bebê lindo de 6 meses, primeiro filho de um jovem casal e junto os avós maternos e paternos. Tive certeza que ali estava uma criança que me daria chance de fazer um belo trabalho. E por isso a minha alegria de poder compartilhar com você Molina e todo o grupo que conhecer o Paulo. Costumo dizer *que ele é meu tesouro.*

No outro dia a Suyan pediu-me que ajudasse Paulo a responder sua carta. E foi muito bom porque o Paulo me confirmou seu entendimento de fato da mensagem dizendo: "esta história é igual a minha".

Espero não ter falado demais, mas me deu chance eu aproveito. E gostaria só de lhe dizer: no seu primeiro livro você autografou para mim dizendo que esperava que eu gostasse mais do livro do que havia gostado do curso que fiz com você, agora lhe digo não só gostei mais do curso como foi a minha grande chance de me melhorar como pessoa e de repensar a forma de trabalhar com as famílias que me procuram. Não poderia deixar de dizer-lhe como foi essencial para mim fazer a formação com você. Tenho um prazer enorme de ter conhecido você e aprendi muito. E vou encerrar este testamento com um pensamento que gosto muito: "Lançar informação é uma coisa, aprender é decisão que você toma."

Um grande abraço da

Lena

“A personagem principal se sentiu uma linda rosa vermelha, deslumbrantemente linda”

15 de outubro de 1999

Dr. Carlos,

Dizer que você é o “Papa em terapia” estaria repetindo apenas palavras que digo sempre.

Amizade, carinho, dedicação... você fica envolvido sem se envolver. É muito mais que um terapeuta, na verdade um grande amigo, nosso anjo da guarda!

A grande força do amor reside na continuidade, na perseverança e na sabedoria, que consiste não tanto em querer receber, mas principalmente em proporcionar felicidade aos outros, em todos os momentos da vida.

Você só transmite segurança, felicidade; é incapaz de deixar de ajudar, de mostrar o caminho.

Você não é, você contém!

Quando estamos à beira do abismo, com toda sua dedicação, você nos mostra a escada rumo ao céu, e quando chegamos ao topo nos faz perceber que a nossa felicidade não tem limites.

Muitas lágrimas, muita emoção, uma vontade de abraça-lo com carinho, depois de ler uma história tão linda [ver página 89].

Totalmente inexplicável tamanha emoção!

Uma pessoa, um ser humano tão especial!

O terapeuta, o amigo que abre nosso peito e vai tirando, com jeitinho, tudo lá de dentro... Machuca, mas não agride. Vai fundo... toca lá no coração.

No momento, saiba apenas que você é uma pessoa excepcional; com certeza de outro planeta.

A coruja é responsável por tanta coisa!

Você fez de uma história feia, de pessoas pobres de espírito e sem encantos, uma lenda fantástica.[9] A personagem principal até se sentiu muito importante, uma verdadeira rosa vermelha, deslumbrantemente linda, inteligente, bela, com o coração maior do que o mundo.

Você é carismático, tão poderoso, com tanta sabedoria e tanta simplicidade!

Poderia esnobar as pessoas pela sua capacidade, mas pelo contrário, usa este poder para ajudar o próximo.

Você é gente! Só tenho que lhe agradecer, do fundo do meu coração, por tudo de bom que fez por mim, pela Mariângela e pela Camila.

Você me tirou do abismo.

Obrigada por tudo de bom que você é, como amigo e como terapeuta, se é que podemos separar as duas pessoas.

Rosa

Epílogo

Um final que vem a ser um outro começo...

Está na hora da despedida... ficaria muito triste se não estivesse em condições de anunciar-lhes que, imediatamente depois da publicação deste volume, vai para o forno a sua continuação. Nela, com a ajuda inspiradora de diversas musas [não é por acaso que se chama ***Eu não sabia, mas Clio me contou – Narrativas terapêuticas II***], na segunda parte, dizia, volto sobre a questão das histórias terapêuticas, desta feita, tentando apresentar, da forma mais clara possível, a narrativa desde uma perspectiva histórico-científica. Estará, também, recheado de histórias. A través delas pretendo mostrar como é que elas se constróem, bem como o porque da sua eficácia terapêutica.

Falando de novo deste primeiro volume... já tenho saudade e se pudesse continuaria brincando com ele. Para parar tive de reconhecer, porém, que *"tudo aquilo estava acabado, e a história também acabada! Acabada! Porque todas as histórias têm de chegar algum dia ao seu fim!*[10]

Finalizarei lembrando que *"É chegado o momento em que aquele que escreveu estas páginas para ti, querido leitor, quer despedir-se, e neste instante invadem-no melancolia e inquietação".*[11]

Notas

[1] O primeiro parágrafo desta história é uma adaptação do primeiro parágrafo do conto "'O cerro dos Elfos", ANDERSEN, Hans Christian, *Contos de Andersen,* 1ª edição, 4ª reimpressão, pp. 135, Vol. I, Editora Globo, Porto Alegre, 1967.
[2] As duas primeiras frases desta história foram tiradas e adaptadas de "Do lado de dentro do espelho e o que Alice ali encontrou", CARROL, Lewis, *Obras ecolhidas*, Itatiaia, Belo Horizonte, 1999.
[3] É com muita tristeza que devo contar que, desta feita, o Duende das Palavras ganhou a parada... neste preciso instante, ele está dando pulos de alegria e olha para mim com uma cara satisfação e triunfo.
[4] A história dos Esquilo acabou em... separação. Em um outro trabalho, atualmente em preparação, abordo a questão: sucesso ou fracasso? Para realizá-lo contarei com a colaboração de dona Esquila. Adiantando-me, conto-lhes que ela considera que, enquanto processo, a terapia foi um sucesso. Aguardem os desenvolvimentos.
[5] Edimar é um jovem adolescente de 18 anos.
[6] Cecília é uma linda garotinha de dez anos.
[7] Esta carta, bem como as dos pais de Paulo, Suyan e Rogério, contém os verdadeiros nomes dos protagonistas. A decisão de que assim fosse foi tomada pela família. Eu acatei... Paulo tem nove anos de idade.
[8] Quando eu soube que Paulo havia levado a história para sua fonoaudióloga e que haviam feito uma leitura conjunta [continuando o trabalho iniciado durante a sessão: *jogar a vergonha no lixo*, liguei para Lena. Ela teceu uma série de comentários que eu tive vontade de compartilhar com o leitor. Assim sendo, perguntei-lhe se aceitaria fazer os mesmos por escrito. Sua aceitação foi imediata. A leitura da carta me convence de que estava certo ao pedir-lhe que a mandara.
[9] Sem entrar no detalhe [creio que o assunto merece uma abordagem crítica mais detalhada], desejo esclarecer que considero esta opinião de Rosa —a respeito de "pessoas feias" e "histórias lindas"— um fracasso pessoal. Eu não pretendi transformar nada... creio que se as personagens da história são belas é porque refletem as qualidades das pessoas em que foram inspiradas. Para uma reflexão mais aprofundada sobre o ***fracasso terapêutico*** ver MOLINA-LOZA, Carlos Arturo, ***Teoria da Tarefa - Famílias e terapeutas construindo novos caminhos,*** Livro atualmente em preparação, e que contém um capítulo inteiro sobre o tema.
[10] Andersen, Hans Christian, "O Pinheiro", Contos de Andersen, 1ª edição, 4ª reimpressão, Editora Globo, Porto Alegre, 1997.
[11] HOFMANN, E.T.A., *O pequeno Zacarias, chamado Zinabre*, Maritin Fontes, São Paulo, 1998.

Imprimiu:
GRÁFICA VALCI EDITORA LTDA.
SIG - Quadra 6 - Lote 2.230
Telefone: 344-1747 - Fax: 344-3025
CGC: 00336024/0001-16